Karl-Heinz Röntgen

Einführung in die katalanische Sprache

5., aktualisierte Auflage

Romanistischer Verlag
Bonn 2023

BIBLIOTHEK ROMANISCHER SPRACHLEHRWERKE
Herausgegeben von Jürgen Rolshoven

1

CIP-Titelaufnahme der Deutschen Bibliothek

Röntgen, Karl-Heinz:
Einführung in die katalanische Sprache / Karl-Heinz Röntgen. - 5., aktualisierte Aufl. -Bonn: Romanist. Verl., 2023
(Bibliothek romanischer Sprachlehrwerke;1)
ISBN 978-3-86143-220-3

1. Auflage 1987
2. Auflage 1988
3. Auflage 1990
4. Auflage 2000
5. Auflage 2023

Romanistischer Verlag Jakob Hillen
Hochkreuzallee 46, 53175 Bonn

ISBN 978-3-86143-220-3
ISSN 0932-495X

Inhaltsverzeichnis

Abkürzungsverzeichnis

Adj.	Adjektiv
Adv.	Adverb
Akk.	Akkusativ
altfrz.	altfranzösisch
altkat.	altkatalanisch
Dat.	Dativ
Dem.Pron.	Demonstrativpronomen
dtsch.	deutsch
engl.	englisch
f./fem.	feminin(um)
frz.	französisch
Fut.	Futur
Gerund.	Gerundium
griech.	griechisch
Imp.	Imperativ
Impf.	Imperfekt
Ind.	Indikativ
Inf.	Infinitiv
ital.	italienisch
kat.	katalanisch
Kond.	Konditional
Konj.	Konjunktiv
Konjg.	Konjugation
Kons.	Konsonant
lat.	lateinisch
m./mask.	maskulin(um)
neukat.	neukatalanisch
Obj.	Objekt
Part.	Partizip
Perf.	Perfekt/Perfet
Pers.Pron.	Personalpronomen
Pl.	Plural
Poss.Pron.	Possessivpronomen
Praes.	Praesens
Pret.indef.	Pretèrit indefinit
Pret.Perf.	Pretèrit Perfet (Einfaches Perfekt)
Pron.	Pronomen
Ps.	Person
refl.	reflexiv
Sg.	Singular
span.	spanisch
Subj.	Subjuntiu (= Konjunktiv)
Subst.	Substantiv
unv.	unveränderlich
Z.	Zeile
zeitl.	zeitlich

>	"wurde/wird zu" (laut- u. sprachgeschichtlich)
—>	"wird zu, ergibt" (in der Wortbildung)
<	"wurde aus"
(./.), z.B.: (M/)	"fällt aus, verstummt"

Geleitwort des Herausgebers

Der erste Band der Reihe *Bibliothek romanischer Sprachlehrwerke* bietet einem philologisch interessierten Publikum eine Einführung in das Katalanische. Diese Einführung in das Katalanische spiegelt die Grundgedanken wider, nach denen die Sprachlehrwerke der neuen Reihe aufgebaut sein werden.

Hier geht es in erster Linie nicht darum, kommunikative Kompetenz für die Bewältigung von Alltagssituationen im Ausland – etwa Befriedigung von Grundbedürfnissen – durch "pattern drill" einzuüben. Vielmehr soll der Erwerb der Fremdsprache durch stark kognitives Lernen erleichtert, die Motivation des Lernenden durch Texte, die in Geschichte, Geographie, Landeskunde und Literatur z.T. authentisch einführen, gesteigert werden. Kognitives Lernen und Präsentation der Sprache in ihrer kulturellen Einbettung fördern gerade den gebildeten und philologisch interessierten Lerner der Fremdsprache. Kognitives Lernen wird in der Reihe *Bibliothek romanischer Sprachlehrwerke* z.B. durch Hinweise auf die Herkunft von Vokabeln, durch Zurückführung auf ihre lateinische Form, durch Bezüge auf verwandte romanische Sprachen unterstützt. Die Wahl authentischer Texte dient nicht allein der Sprachvermittlung, ermöglicht nicht nur die Kommunikation in Katalonien, sondern läßt den Lernenden Katalanisch und Katalonien verstehend erfahren.

Die Erfahrungen, die Autor und Herausgeber mit diesem Band, der Einführung in das Katalanische, gewonnen haben, werden weiteren Bänden, Einführungen in das Sardische und Rumänische, zugute kommen. Abschließend möchte der Herausgeber dem Romanistischen Verlag seinen Dank für die Unterstützung und verlegerische Betreuung aussprechen.

Bamberg, im November 1989 — Jürgen Rolshoven

Zur fünften Auflage

Eine seit Jahrzehnten ungebrochen rege Nachfrage haben Autor und Verlag dazu bewogen, eine fünfte Auflage des vorliegenden Bandes zu publizieren. Neben der Korrektur einiger weniger Fehler bot dies Anlass, die *Bibliographie weiterführender Literatur* nochmals zu aktualisieren. Gedankt sei an dieser Stelle abermals allen, die durch Vorschläge und Kritik zur Verbesserung des Bandes beigetragen haben.

Köln, im November 2023 — Karl-Heinz Röntgen

Vorwort

Schon seit einigen Jahren ist Spanien dasjenige Land Europas, das jährlich von den meisten Reiselustigen besucht wird. Dabei erfreut sich eine Region ganz besonderer Beliebtheit: Katalonien, jenes Gebiet, das sich von der französisch-spanischen Grenze entlang der Mittelmeerküste nach Süden erstreckt. Gründe für diese Bevorzugung dürften die sehr schöne Landschaft und die kunstgeschichtlichen Sehenswürdigkeiten sein. Dennoch scheint wenig bekannt, daß in diesem Gebiet, einschließlich der Balearischen Inseln und bis hinunter nach Alicante, eine eigene romanische Sprache gesprochen wird, nämlich Katalanisch, das kein Dialekt des Spanischen ist, wie so oft fälschlicherweise behauptet oder angenommen wird.

Ziel und Zweck des vorliegenden Bändchen soll es sein, zu einem größeren Bekanntheitsgrad des Katalanischen beizutragen und all diejenigen, die sich für diese Sprache interessieren, in die grammatischen Grundstrukturen des Katalanischen einzuführen. Wissenschaftliche Vollständigkeit konnte nicht angestrebt werden. Denn schon durch den äußeren, begrenzten Rahmen bedingt, mußte die eine oder andere Ausnahme unerwähnt und einige Spezialprobleme der Grammatik unberücksichtigt bleiben. In einigen wenigen Fällen wurden Fachbegriffe ergänzt bzw. ersetzt. Kenntnisse in Französisch, Spanisch, Italienisch oder gar Latein wären natürlich von Vorteil, sind aber nicht unbedingt erforderlich.

Nach einem kurzen geschichtlichen Überblick über Katalonien und das Katalanische und einem Abschnitt über das katalanische Sprachgebiet folgt ein Kapitel über Aussprache und Betonung. Den Hauptteil bilden acht recht einheitliche Lektionen, denen katalanische Originaltexte vorangestellt sind. Diese Texte sollen den Leser einerseits daran gewöhnen, längere katalanische Texte zu lesen und zu verstehen, andererseits sollen sie einen ersten Eindruck von katalanischer Kultur, Geschichte und Literatur vermitteln. Einem Vokabel- und Grammatikteil folgen jeweils einige Anmerkungen und Übungen. Diese Anmerkungen sind für besonders Interessierte gedacht, da sie vorwiegend kleine Ausschnitte der romanisch-katalanischen Sprachgeschichte behandeln. In Klammern nachgestellte Ziffern verweisen auf diese Anmerkungen, während ein nachgestelltes * auf eine Fußnote derselben Seite hinweist. Da dieses Bändchen kein herkömmliches, überwiegend aus Übungen bestehendes Lehrbuch sein soll, wurden die Übungen zahlenmäßig begrenzt und inhaltlich recht einfach gehalten. Durch sie sollen die grammatischen Grundstrukturen lediglich gefestigt sowie erste aktive bzw. passive Sprachkenntnisse vermittelt werden.

Den Schlußteil des Buches bilden ein Sachregister, eine kleine Auswahlbibliographie sowie ein äußerst kurzgefaßtes Wörterverzeichnis. Abschließend sei Prof. Jürgen Rolshoven für die Anregung zu diesem Bändchen, Enric Pagès für wertvolle Ratschläge und Verbesserungen, Dr. Manfred Jahn für technische Unterstützung sowie den Verlagen und Autoren für die Abdruckerlaubnis der Texte herzlich gedankt.

Köln, im Mai 1987 — Karl-Heinz Röntgen

Katalonien und Katalanisch. Ein geschichtlicher Überblick.

Vorab sei auf folgendes hingewiesen: Der Name 'Katalonien' bezeichnet nur die heutige Region Katalonien (bestehend aus den Provinzen Barcelona, Girona, Lleida und Tarragona) oder das ehemalige Fürstentum Katalonien ('Principat de Catalunya'). Die Bezeichnung 'Katalonien' gilt also nicht für das ganze, weitaus größere Sprachgebiet des Katalanischen (s. S. 10).

Das Katalanische gehört zwar nicht zu den großen romanischen Nationalsprachen, wie das Französische, Spanische, Italienische oder Portugiesische, aber die Geschichte Kataloniens und des Katalanischen ist nicht weniger interessant als die der soeben erwähnten Schwestersprachen. So ist z.B. die Herkunft und Bedeutung des Namens 'Katalonien' bzw. 'Catalunya' bisher noch nicht eindeutig geklärt. Vielleicht handelt es sich um den Satznamen *cata-luonh "Schau in die Weite" (vgl. dtsch. "Schauinsland").*

Mit dem Jahr 218 v. Chr. beginnt die römische Eroberung der iberischen Halbinsel. Überwiegend römische Veteranen siedeln im Gebiet des späteren Katalonien (damals 'Hispania Citerior' bzw. 'Provincia Tarraconensis'), und ihre Sprache, das Lateinische, wird zur Grundlage des Katalanischen. Durch Zerfall des Weströmischen Reiches und im Zuge der großen germanischen Völkerwanderungen sind es die Westgoten, die vom 5. - 7. Jh. weite Teile der Halbinsel beherrschen. Im 8. Jh. erobern die Araber das Land. Aber schon 785 wird Girona und 803 Barcelona durch Ludwig den Frommen von der Muselmanenherrschaft befreit. 795 entsteht die Spanische Mark ('Marca Hispanica') Karls des Großen. Einige Zeit später vereinigt Guifré el Pilós ("Wilfried der Haarige") mehrere kleinere Grafschaften dieses Gebietes, das auch 'Catalunya Vella' ("Altkatalonien") genannt wurde, unter der Führung Barcelonas. Durch die Heirat Ramon Berenguer IV., Graf von Barcelona, mit der Thronerbin Petronila von Aragon vereinigen sich die Grafschaft Barcelona und das Königreich Aragon 1137 zur "Krone Aragon", d.h. die Grafen von Barcelona sind gleichzeitig Könige von Aragon. Die Krone Aragon ist eher eine Konföderation, da die beiden Teilreiche Aragon und Barcelona ihre verwaltungspolitische Eigenständigkeit weitgehend behalten. Im Laufe der "Reconquesta" erobern katalanische Heere, vor allem unter Führung Jaume I. el Conqueridor ("Jakob der Eroberer") zwischen 1229 und 1235 die Balearen und 1238 València. Als drittes Teilreich der Krone Aragon entsteht das Königreich València. Die Neubesiedlung dieser (zurück-)eroberten Gebiete mit Katalanen stellt die größte dauerhafte Ausdehnung des katalanischen Sprachgebietes dar. In den nachfolgenden Jahrhunderten erlangt die Krone Aragon eine Vormachtstellung im (westlichen) Mittelmeer. 1282 erobert Pere II. das Königreich Sizilien. Sardinien wird von 1323 bis 1326 erobert. In der sardischen Stadt Alghero wird heute noch katalanisch gesprochen, und zwar deshalb, weil Alghero nach Niederwerfung mehrerer Aufstände 1354/55 und 1372 mit Katalanen neu besiedelt worden war. 1311 werden von Roger de Flor die griechischen Herzogtümer Athen und Neopatria erobert (katalanisch bis 1388). 1442 kommt auch das Königreich Neapel zur Krone Aragon. In all diesen

---

* Vgl.: Piel, Joseph M.: "Zum Ursprung des Namens Katalonien: Catalunya / Cataluña. Ein kritischer Diskussionsbeitrag", in: *Miscel·lània Aramon i Serra*, Bd. II, S. 437 ff., Barcelona 1980.

Gebieten war das Katalanische zu jener Zeit offizielle Verwaltungssprache. Nach dem Tod des letzten Grafen von Barcelona (1410) wird Ferdinand von Antequera aus dem kastilischen Geschlecht der Trastàmara durch den "Kompromiß von Caspe" (1412) neuer König der Krone Aragon.

Die ersten kat. Texte sind ein Fragment des *Forum Iudicum*, der Übersetzung einer westgotischen Gesetzessammlung (Mitte 12. Jh.), und die *Homilies d'Organyà* (Ende 12./Anfang 13. Jh.). Während der Versuch einer politischen Expansion nach Norden mit dem Tod Pere I. in der Schlacht von Muret (1213) endet, ist vom 12. - 14. Jh. im Bereich der Poesie der sprachlich-literarische Einfluß der provenzalischen (oder auch 'okzitanischen') Troubadours so übermächtig, daß alle katalanischen Dichter auf okzitanisch schreiben. Die *Rasons de trobar*, eine der ersten Verslehren zur Troubadourlyrik, werden von dem Katalanen Ramon Vidal de Besalú verfaßt, und im Jahre 1393 werden in Barcelona, nach dem Vorbild von Toulouse, die katalanischen 'Jocs Florals' ("Blumenspiele"), ein Dichterwettbewerb, ins Leben gerufen. Begründer der katalanischen Schrift- und Prosasprache war der Philosoph, Wissenschaftler und Schriftsteller Ramon Llull (lat. Raimundus Lullus, 1235 ? - 1316 ?). Durch ihn, der als erster ein relativ reines Katalanisch schrieb, wird das Katalanische zur ersten romanischen Sprache, in der philosophische und wissenschaftliche Abhandlungen geschrieben wurden (sonst nur in Latein). Seine Hauptwerke sind *Llibre d'Evast e Blanquerna*, *Llibre de Contemplació* und *Lo Desconhort*. Weitere katalanische Sprachdenkmäler des 13. und 14. Jh. sind die vier Chroniken von Jaume I., Bernat Desclot, Ramon Muntaner und Pere III. sowie der *Libre del Consolat de Mar*. Die Zeit zwischen 1350 und 1500 kann als goldenes Zeitalter der katalanischen Literatur gelten. Die bedeutendsten Schriftsteller dieser Zeit sind Bernat Metge (1346 ? - 1413) mit seinem Werk *Lo Somni*, Joanot Martorell (1414 ? - 1468) mit seinem Roman *Tirant lo Blanc* (bis 1490 von Martí Joan de Galba vollendet) und Ausiàs March (1397 - 1459), der sich als erster katalanischer Dichter wirklich vom Okzitanischen löst. Erwähnung verdienen außerdem Jaume Roig, Jordi de Sant Jordi, Francesc Eiximenis, Anselm Turmeda und Andreu Febrer.

Nach der Heirat (1469) der sogenannten 'Katholischen Könige' Isabella von Kastilien und Ferdinand II. von Aragon kommt es 1479 zur Vereinigung der Krone Aragon mit dem Königreich Kastilien. Der politische und kulturelle Mittelpunkt verlagerte sich nun nach Kastilien, wodurch sich das Kastilische (Spanische) auf Kosten des Katalanischen ausbreiten konnte. Viele katalanische Schriftsteller wechseln vom Katalanischen zum Kastilischen über. Aufgrund des nun folgenden kulturell-literarischen Niedergangs wird die Zeit zwischen dem 16. und 18. Jh. auch als 'Decadència' bezeichnet. Zu nennen wären lediglich die Schriftsteller Pere Serafí, Francesc Vincenç Garcia und Francesc Fontanella.

1640 kommt es zu einem Aufstand der unteren Klassen gegen die Willkür des Ministers und Grafen von Olivares. Ihr Kampflied 'Els Segadors' ("Die Schnitter") wurde zur katalanischen Nationalhymne. Ein sich anschließender spanisch-französischer Krieg führte im Pyrenäenfrieden von 1659 zur Abtretung der nordkatalanischen Gebiete, vor allem des Rosselló (frz. Roussillon). Ab 1700 ist hier das Französische offizielle Amtssprache. Wenig später, 1716, verliert Katalonien seine Autonomie, und das Katalanische wird erstmals als offizielle Sprache verboten. Der im Spanischen Erbfolgekrieg siegreiche Philipp V. hebt im 'Decret de Nova Planta' (16.1.1716; für València schon 1707 gültig) die Autonomie auf und erklärt das Kastilische zur alleinigen Amts- und Gerichtssprache. Vorgesehen war weiterhin, daß die christliche Lehre nur noch auf kastilisch zu lehren sei; ein Verbot des Katalanischen als Unterrichtssprache folgte 1768.

"Que en las escuelas (...) no se permitan libros en lengua catalana, escribir ni hablar en él dentro de las escuelas, y que la doctrina cristiana sea y la aprendan en castellano...."

Doch 70 Jahre später, begünstigt durch die europäische Romantik, kommt es zu einer Renaissance des Katalanischen, der 'Renaixença', deren Beginn Bonaventura Carles Aribau mit der Veröffentlichung seiner Ode *La Pàtria* markiert (1833). Es folgen zahlreiche Publikationen anderer Schriftsteller, u.a. die von Joaquim Rubió i Ors. Er war es auch, der 1859 die Neugründung der Jocs Florals veranlaßte, eine Maßnahme, die der Renaixença gesellschafts- und kulturpolitisch besonderen Rückhalt verschaffte. Herausragender Vertreter der Renaixença war zweifellos Jacint Verdaguer (1845 - 1902) mit seinen Hauptwerken *L'Atlàntida* (1877) und *Canigó* (1886). Gegen Ende des Jahrhunderts entstehen neue Stilrichtungen wie Naturalismus, Modernismus und Noucentismus. Das Katalanische wird nun in allen literarischen Gattungen verwandt. Bedeutende Schriftsteller um die Jahrhundertwende sind Víctor Català, Angel Guimerà, Joan Maragall, Narcís Oller, Eugeni d'Ors, Santiago Rusiñol, Joaquim Ruyra und Emili Vilanova.

Nach Gründung des 'Institut d'Estudis Catalans' (1907) wird in den darauffolgenden Jahren eine Sprachreform, eine Fixierung und Normierung der katalanischen Schriftsprache durchgeführt. Pompeu Fabra (1868 - 1948) vereinheitlicht die katalanische Orthographie und Grammatik. 1913 erscheinen die *Normes Ortogràfiques*, 1917 der *Diccionari Ortogràfic* und 1918 die *Gramàtica Catalana*. Besondere Erwähnung verdienen noch die 'Mancomunitat de Catalunya' (1914 - 1925) und ihr erster Präsident Enric Prat de la Riba, die kulturelle und sprachpolitische Aktivitäten sehr förderten. Nach Errichtung der zweiten spanischen Republik (1931) wird Katalonien wieder autonom (bis 1939), das Katalanische wieder offizielle Sprache. Im April 1931 wird eine 'Katalanische Republik' ausgerufen, die aber kurze Zeit später in die 'Generalitat de Catalunya' umgewandelt wird.

Durch den Sieg Francos im Spanischen Bürgerkrieg (1936 - 1939) erlischt die katalanische Autonomie erneut, das Katalanische wird abermals verboten. Durch kulturelle Unterdrückung sollte das katalanische Identitäts- und Nationalbewußtsein sowie die Idee einer - zumindest relativen - politischen Eigenständigkeit Kataloniens zerstört werden. Der von einer breiten Bevölkerungsschicht getragene Protest gegen diese Art der Unterdrückung, z.B. das Verbot des Katalanischunterrichts, wird erstmals zu Beginn der 60-er Jahre in der 'Nova Cançó Catalana' ("Neues Katalanisches Lied") laut und eindringlich formuliert. Es handelt sich hierbei meist um Kampf- bzw. Protestlieder provokativen Inhalts. Kein Wunder, daß unter Franco die Liedtexte scharf zensiert und Musikveranstaltungen des öfteren verboten wurden. Die bekanntesten Vertreter der Nova Cançó sind (bis heute) Raimon, Lluís Llach, Maria del Mar Bonet, Ovidi Montllor, Francesc Pi de la Serra und Rafael Subirachs.

Seit dem Tode Francos (20.11.1975) hat sich die Situation Kataloniens und des Katalanischen entscheidend verändert, d.h. verbessert. Aufgrund der neuen spanischen Verfassung aus dem Jahre 1978 konnte Katalonien 1979 seine Autonomie zurückerlangen, und Katalanisch wurde wieder, neben dem Kastilischen, offizielle Sprache in Katalonien. Katalanisch ist wieder als Unterrichtsfach und Unterrichtssprache an Schulen und Hochschulen zugelassen, katalanischsprachige Zeitschriften und Zeitungen dürfen erscheinen, Rundfunk und Fernsehen senden in katalanischer Sprache, und die Zahl der Buchpublikationen in Katalanisch steigt seit Jahren stetig an. An dieser Stelle seien, stellvertretend für viele, die Namen einiger 'moderner' Autoren genannt: Pere Calders, Josep Carner, Pere Coromines, Salvador Espriu, Gabriel Ferrater, Joan Fuster, Miquel Martí i Pol, Joan Oliver ("Pere Quart"), Manuel de Pedrolo, Joan Perucho, Josep Pla, Josep S. Pons, Carles Riba, Mercè Rodoreda, Josep M. de Sagarra, Joan Salvat-Papasseit, Joan Triadú, Francesc Vallverdú und Llorenç Villalonga.

Die Lage des Katalanischen scheint heute gefestigt. Die Feststellung bzw. Erfahrung, die George Orwell vor ziemlich genau 50 Jahren machte, hat glücklicherweise bis heute nichts von ihrer Gültigkeit verloren:

> "Die Sache wurde für mich auch dadurch nicht leichter, daß meine Kameraden untereinander normalerweise katalanisch sprachen."

(aus: G.O.: *Homage to Catalonia*, London, 1937; dtsch. Übersetzung: *Mein Katalonien*, Diogenes-Verlag, Zürich 1975, S. 17).

Die Zahl derer, für die das Katalanische Muttersprache ist und die diese Sprache im täglichen Sprachgebrauch benutzen, dürfte sich auf mindestens 6 Millionen belaufen. Nachfolgend soll aufgezeigt werden, wo heute Katalanisch gesprochen wird.

Das katalanische Sprachgebiet

1) in <u>Andorra</u>: Katalanisch ist seit jeher Amtssprache dieses kleinen Pyrenäenstaates.

2) auf <u>französischem Staatsgebiet</u>: fast im gesamten Departement "Pyrénées-Orientales". Hauptort dieses Departements bzw. dieser Landschaft, die auch 'Roussillon' genannt wird, ist Perpignan (kat. Perpinyà).

3) auf <u>spanischem Staatsgebiet</u>:
   a) in Katalonien (ehemaliges 'Principat de Catalunya').
   b) in weiten Teilen der Küstenprovinzen Castellón de la Plana, València und Alicante (kat. Alacant).
   c) auf den Balearischen Inseln (kat. Les Illes).
   d) in den östlichen Randgebieten der aragonesischen Provinzen Huesca (kat. Osca), Saragossa und Teruel (kat. Terol).

4) auf <u>italienischem Staatsgebiet</u>: in der auf Sardinien gelegenen Stadt Alghero (kat. L'Alguer).

Das katalanische Sprachgebiet wird in seiner Gesamtheit oft auch 'Països Catalans' ("Katalanische Länder") genannt.

Die Karte zeigt das kat. Sprachgebiet sowie die Grenzlinie (---) zwischen dem west- und ostkatalanischen Dialektbereich.

Der kat. Name vieler Städte und Landschaften weicht von dem (offiziellen) span., frz. bzw. ital. Namen ab. Eine Auswahl (die kat. Form unterstrichen):

Alghero (ital.)	L'Alguer	El Maestrazgo	El Maestrat
Alicante	Alacant	Mahón (auf Menorca)	Maó
Ampurias	Empúries	Palma de Mallorca	Ciutat de Mallorca
Castellón de la Plana	Castelló de la Plana	Perpignan (frz.)	Perpinyà
		Pollensa	Pollença
Elche	Elx	Prades (frz.)	Prada
Figueras	Figueres	Rosas	Roses
Gerona	Girona	Roussillon (frz.)	Rosselló
Ibiza	Eivissa	La Seo de Urgel	La Seu d'Urgell
Játiva	Xàtiva	Valencia	València
La Junquera	La Jonquera	Vich	Vic
Lérida	Lleida	Villanueva y Geltrú	Vilanova i la Geltrú

Aussprache und Betonung

Katalanisches Alphabet

a	a	i	i llatina	r	erra
b	be alta	j	jota	s	essa
c	ce	k	ca	t	te
ç	ce trencada	l	ela	u	u
d	de	m	ema	v	ve baixa
e	e	n	ena	w	ve doble
f	efa	o	o	x	xeix (ics)
g	ge	p	pe	y	i grega
h	hac	q	cu	z	zeta

Die Schriftzeichen k und w kommen nur in Fremdwörtern vor, y nur in der Verbindung ny.

Aussprache

Grundlage der kat. Schrift- und Hochsprache, und somit auch der nachfolgenden Ausspracheerläuterungen, ist das Zentralkatalanische, genauer gesagt das "barceloní", die Mundart von Barcelona. Auf Abweichungen in anderen wichtigen Dialekten wird in einem späteren Kapitel hingewiesen.

1. Vokale

Im Katalanischen sind alle Vokale kurz auszusprechen.

a betontes a wird immer als [a]* ausgesprochen, wie in dtsch. "Matte".
Bsp.:

pa	['pa]	"Brot"
sa	['sa]	"gesund"

unbetont ist a immer [ə] (kat. "vocal neutra"), ähnlich dem dtsch. e in "komme, Tinte".
Bsp.:

gana	['ganə]	"Hunger"
ara	['arə]	"jetzt"

e betontes e kann offen [ɛ] sein, wie in dtsch. "werben, Leck", oder geschlossen [e], etwa wie in dtsch. "Weg, Steg", aber kürzer. Es kann keine feste Regel angegeben werden, wann betontes e offen oder geschlossen auszusprechen ist. Bei einigen Wörtern wird dies

---

* In eckigen Klammern werden die der jeweiligen Aussprache entsprechenden Zeichen des Lautschriftsystems der "Association Phonétique Internationale" angegeben. Das Zeichen (') steht vor der am stärksten betonten Silbe, die den Hauptton trägt.

durch ein Akzentzeichen verdeutlicht: mit Akut (´) für geschlossenes, wie frz. é, mit Gravis (`) für offenes, wie frz. è (s.u. S. 24 *Betonung und Akzent*).

Bsp. für [e]:

fet	['fet]	"Tatsache"
sense	['sensə]	"ohne"
festa	['festə]	"Fest"
també	[təm'be]	"auch"
nét	['net]	"Enkelkind"

Bsp. für [ɛ]:

res	['rrɛs]	"nichts"
maleta	[mə'lɛtə]	"Reisekoffer"
mercès	[mər'sɛs]	"Danke !"
matèria	[mə'tɛriə]	"Materie"

unbetontes e ist (fast) immer [ə].

Bsp.:

mare	['marə]	"Mutter"
estat	[əs'tat]	"Staat"

nur vor und nach (betontem oder unbetontem) a ist unbetontes e ebenfalls [e].

Bsp.:

realitat	[rreəli'tat]	"Wirklichkeit"
teatre	[te'atrə]	"Theater"

o betontes o kann offen [ɔ] sein, wie in dtsch. "Gott, Wort", oder geschlossen [o], etwa wie in dtsch. "Lot, Boot". Zum Gebrauch von Akzentzeichen s. S. 24 ff.

Bsp. für [o]:

boca	['bokə]	"Mund"
no	['no]	"nein"
són	['son]	"sie sind"
món	['mon]	"Welt"

Bsp. für [ɔ]:

nom	['nɔm]	"Name"
bo	['bɔ]	"gut"
però	[pə'rɔ]	"aber"
història	[is'tɔriə]	"Geschichte"

unbetontes o wird [u] ausgesprochen.

Bsp.:

parlo	['parlu]	"ich spreche"
només	[nu'mes]	"nur"

i 1. als einfacher Vokal:

betont oder unbetont immer [i], etwa wie in dtsch. "wie, Liebe".

Bsp.:

	dins	['dins]	"darin, in"
	minut	[mi'nut]	"Minute"
	finestra	[fi'nestrə]	"Fenster"

2. nach anderen Vokalen:
Alle Vokale bilden mit nachfolgendem i eine einzige Silbe, einen Diphthong (Doppellaut). Ist diese Silbe betont, liegt der Hauptton auf dem ersten Teil des Diphthongs (a, e, o, u), während der zweite Teil, also i, als [i] nachklingt. Wenn unbetont, ändert sich ggf. die "Qualität" des ersten Vokals, z.B.: [ai] > [əi].
Bsp.:

	gaire	['gairə]	"viel"
	aire	['airə]	"Luft"
aber:	airós	[əi'ros]	"luftig"
	feina	['fɛinə]	"Arbeit"
	rei	['rrei]	"König"

Beachte: Nicht wie in dtsch. "rein" auszusprechen !

noi	['nɔi]	"Junge"
boira	['bɔirə]	"Nebel"
cuina	['kuinə]	"Küche"
fruit	['fruit]	"Frucht"

Ausnahmen:
In folgenden Fällen ist i nicht Bestandteil eines Diphthongs:
a) als ï (mit Trema, kat. "dièresi") und als í (mit Akzent); sie bilden immer eine eigenständige Silbe.
Bsp.:

	reïna	[rrə-'inə]	"Harz"
aber:	reina	['rreinə]	"Königin"
	país	[pə-'is]	"Land"
	fortuït	[furtu-'it]	"zufällig"
	roí	[rru-'i]	"niederträchtig"
	beneït	[bənə-'it]	"gesegnet"
aber:	beneit	[bə'neit]	"bekloppt"
	estudií	[əstudi-'i]	"ich studierte"

b) als i in den Endungen -isme, -ista, -int, der Infinitivendung -ir und nach Vorsilben wie co-, re-, contra- etc.
Bsp.:

egoisme	[əɣu-'izmə]	"Egoismus"
egoista	[əɣu-'istə]	"Egoist"
produint	[prudu-'in]	"produzierend"
trair	[trə-'i]	"verraten"
coincidir	[ku-insi'di]	"zusammenfallen"
reiterar	[rrə-itə'ra]	"wiederholen"

3. intervokalisches i wird wie [j], also konsonantisch ausgesprochen; vgl. dtsch. j.
Bsp.:

noies	['nɔjəs]	"Mädchen" (Pl.)
deien	['dɛjən]	"sie sagten"

4. Unbetontes i müßte in allen übrigen Fällen, z.B. zwischen Konsonant und Vokal, silbisch als [i] ausgesprochen werden; doch die Umgangssprache neigt auch hier zu [j].
Bsp.:

	korrekt:	Umgangssprache:	
gràcia	['gra-si-ə]	['gra-sjə]	"Dank"
nació	[na-si-'o]	[na-'sjo]	"Nation"

Zur Aussprache des i in den Verbindungen **ig** bzw. **ix** s. unter **g** bzw. **x** S. 18 und 23.

u 1. als einfacher Vokal:
betont oder unbetont immer [u], etwa wie in dtsch. "Huhn", "Uhr", aber kürzer.
Bsp.:

fusta	['fustə]	"Holz"
damunt	[də'mun]	"darauf"
turista	[tu'ristə]	"Tourist"

2. nach anderen Vokalen:
Mit jedem vorangehenden Vokal bildet u einen Diphthong (s.o. unter **i**), wobei u als [u] nachklingt.
Bsp.:

paraula	[pə'raulə]	"Wort"
ploure	['plourə]	"regnen"
blau	['blau]	"blau"
neu	['neu]	"Schnee"

Beachte: Nicht wie in dtsch. "neu" auszusprechen !

beuré	[bəu're]	"ich werde trinken"
escriure	[əs'kriurə]	"schreiben"
duu	['duu]	"er trägt"

Ausnahmen:
Nicht Bestandteil eines Diphthongs ist u
a) als ü (mit Trema) und als ú:
Bsp.:

diürn	[di-'urn]	"täglich"
taül	[tə-'uɫ]	"Gauner"

b) nach Vorsilben wie re-, contra- etc.
Bsp.:

reunió	[rrə-uni'o]	"Vereinigung"

3. intervokalisches u wird konsonantisch wie [w] ausgesprochen; die Lippenstellung ist sehr gerundet und entspricht engl. w in "water" oder wie in frz. "oui".
Bsp.:

creuen	['krεwən]	"sie glauben"
mouen	['mɔwən]	"sie bewegen"

4. In allen übrigen Fällen, z.B. nach Konsonant (außer g und q) und vor Vokal, ist u immer silbisch [u].
Bsp.:

duana	[du-'anə]	"Zoll"
cua	['ku-ə]	"Schwanz"

Zur Aussprache von u in den Verbindungen **gu/gü** und **qu/qü** s. unter **g** bzw. **qu** S. 18 und 20.

2. Konsonanten

b anlautend immer als [b].
Bsp.:

bonic	[bu'nik]	"schön, hübsch"
bústia	['bustiə]	"Briefkasten"

intervokalisches b sowie nach und vor l, r, s wird [β], d.h. als sehr weicher Reibelaut wie in span. "saber" ausgesprochen.
Bsp.:

acaba	[ə'kaβə]	"er beendet"
obert	[u'βεrt]	"geöffnet"
problema	[pru'βlεmə]	"Problem"
bisbe	['bizβə]	"Bischof"
pobre	['pɔβrə]	"arm"

auslautendes b wird zu [p]; ebenso vor stimmlosem Konsonant.*
Bsp.:

corb	['korp]	"Rabe"
de sobte	[də'soptə]	"plötzlich"
dissabte	[di'saptə]	"Samstag"

Im Auslaut nach m ist b jedoch stumm, z.B.:

amb	[əm]	"mit"

Nach betonter Silbe wird die Verbindung
bl fast immer wie [bbl] ausgesprochen;
Bsp:

	feble	['febblə]	"schwach"
	increïble	[iŋkrə-'ibblə]	"unglaublich"
aber:	bíblia	['bibliə]	"Bibel"

---

* Zu stimmhaften bzw. stimmlosen Konsonanten s.u. S. 25 *Satzphonetik*.

c, ç Aussprache wie im Frz.: also c vor e und i als scharfes, stimmloses [s], in allen übrigen Fällen als [k]. Lediglich vor stimmhaftem Konsonant wird [k] zu [g]. ç ist immer [s].
Bsp.:

cec	['sek]	"blind"
cinema	[si'nɛmə]	"Kino"
com	['kɔm]	"wie"
fosc	['fɔsk]	"dunkel"
anècdota	[ə'nɛgdutə]	"Anekdote"
caça	['kasə]	"Jagd"

Die fast nur in Eigennamen vorkommende Verbindung
ch ist ebenfalls [k].
Bsp.:

Poch	['pɔk]	
Rossich	[rru'sik]	
chor	['kor]	"Chor"

Nach betonter Silbe wird die Verbindung
cl als [kkl] ausgesprochen.
Bsp.:

miracle	[mi'rakklə]	"Wunder"
article	[ər'tikklə]	"Artikel"

d ist anlautend sowie nach l, m und n immer [d].
Bsp.:

diari	[di'ari]	"Zeitung"
demà	[də'ma]	"morgen"
tenda	['tendə]	"Zelt"

ansonsten, besonders intervokalisch, ist die Aussprache [δ], wie in span. "nada". Die Zungenspitze berührt den Zahnrücken kaum; vgl. auch engl. "the".
Bsp.:

cada (unv.)	['kaδə]	"jeder, jede, jedes"
perdó	[pər'δo]	"Verzeihung"

auslautendes d wird zu [t]; im Auslaut nach l oder n sowie zwischen r + s ist es allerdings stumm.
Bsp.:

fred	['frɛt]	"kalt"
tard	['tart]	"spät"
profund	[pru'fun]	"tief"
perds	['pɛrs]	"du verlierst"

f wie dtsch. [f], z.B.:

fresc	['frɛsk]	"frisch"
bufar	[bu'fa]	"blasen"

g vor e und i immer [ʒ], wie in frz. "courage". Anlautend vor a, o, u oder vor Konsonant als [g].
Bsp.:

germà	[ʒər'ma]	"Bruder"
pagès	[pə'ʒɛs]	"Bauer"
gos	['gos]	"Hund"
gran	['gran]	"groß"

intervokalisch aber (d.h. auch vor a, o, u) sowie nach l, r, s und vor l, r als sehr weiches [γ] wie in span. "amiga".
Bsp.:

agost	[ə'γost]	"August"
mantega	[mən'tεγə]	"Butter"
algú	[əɫ'γu]	"jemand"
negligència	[nəγli'ʒεnsiə]	"Nachlässigkeit"
agradar	[əγrə'δa]	"gefallen"

gl Nach betonter Silbe wird die Verbindung als [ggl] ausgesprochen.
Bsp.:

segle	['segglə]	"Jahrhundert"
regla	['rregglə]	"Regel"

gu vor a ist [gw bzw. γw], vor e und i aber [g bzw. γ].
Mit Trema, **gü**, ist die Aussprache auch vor e und i [gw].
Bsp.:

guardar	[gwər'δa]	"aufbewahren"
aigua	['aiγwə]	"Wasser"
guerra	['gεrrə]	"Krieg"
seguir	[sə'γi]	"folgen"
ambigüitat	[əmbiγwi'tat]	"Zweideutigkeit"

auslautendes g ist [k]; nach betontem i ist die Aussprache aber [tʃ], wie in dtsch. "Quatsch". Geht dieser Verbindung **-ig** noch ein weiterer Vokal voran, so bleibt i stumm.
Bsp.:

	amarg	[ə'mark]	"bitter"
	pròleg	['prɔlək]	"Vorwort"
	càstig	['kastik]	"Strafe"
aber:	desig	[də'zitʃ]	"Wunsch"
	mig	['mitʃ]	"halb"
	boig	['botʃ]	"wahnsinnig"
	maig	['matʃ]	"Mai"

Zur Aussprache von **tg** s. unter **t** S. 22.

h ist immer stumm, z.B.:

home	['ɔmə]	"Mensch, Mann"
ahir	[ə'i]	"gestern"

j kommt (fast) nur vor a, o, u vor und wird [ʒ] ausgesprochen wie in frz. "journal"; s.o. **g** als [ʒ] vor e, i.
Bsp.:

ajuda	[ə'ʒuδə]	"Hilfe"
ja	['ʒa]	"schon"

l ist im Wort- (und Silben-) anlaut sowie nach Konsonant wie dtsch. [l] auszusprechen; (silben-) auslautend dagegen als [ɫ]: die nach oben gebogene Zungenspitze berührt den Gaumen weiter hinten.
Bsp.:

lent	['len]	"langsam"
bolígraf	[bu-'li-ɣrəf]	"Kugelschreiber"
glaç	['glas]	"Eis"
malaltia	[mə-laɫ-'tiə]	"Krankheit"
falta	['faɫ-tə]	"Fehler"
cel	['sɛɫ]	"Himmel"

Einige Übung erfordert die Aussprache von
ll als [λ]. Während der Zungenrücken gegen den Gaumen gepreßt wird, artikuliere man ein l, ähnlich wie in span. "calle". Der Laut soll sich aber weder als [j] noch als [lj] anhören.
Bsp.:

llibre	['λibrə]	"Buch"
llet	['λet]	"Milch"
illa	['iλə]	"Insel"
ull	['uλ]	"Auge"

Etwas länger als [l] wird
l·l (mit sogen. "punt volat") ausgesprochen. Dieses [ll] kommt fast nur in Latinismen, Fremd- bzw. Lehnwörtern vor.
Bsp.:

il·lògic	[il'lɔʒik]	"unlogisch"
satèl·lit	[sə'tɛllit]	"Satellit"

m wie dtsch. [m].
Bsp.:

març	['mars]	"März"
cama	['kamə]	"Bein"
temps	['tems]	"Zeit, Wetter"
hom	['ɔm]	"man"

n meist wie dtsch. [n].
Bsp.:

nen	['nen]	"Kind, Junge"
genoll	[ʒə'noλ]	"Knie"
on	['on]	"wo"

Vor f oder v ist die Aussprache [m].
Bsp.:

canvi	['kambi]	"Wechsel"
infant	[im'fan]	"Kind"

Vor [k] oder [g] wird n als [ŋ] ausgesprochen, wie in dtsch. "sprang, blinkte".
Bsp.:

encara	[əŋ'karə]	"noch"
fang	['faŋ]	"Schlamm"

ny wird [ɲ] ausgesprochen, wie in frz. "Cognac" oder span. "España".
Bsp.:

muntanya	[mun'taɲə]	"Gebirge, Berg"
lluny	['ʎuɲ]	"weit"
juny	['ʒuɲ]	"Juni"
alemany	[ələ'maɲ]	"Deutscher, deutsch"

p wie dtsch. [p]. Aber auslautend nach m ist p stumm.
Bsp.:

petit	[pə'tit]	"klein"
mapa	['mapə]	"Landkarte"
camp	['kam]	"Feld"

qu vor e und i als [k], vor a und o als [kw].
Bsp.:

quin	['kin]	"welcher"
que	[kə]	"der,die,das/daß"
quatre	['kwatrə]	"vier"

Mit Trema, **qü**, ist die Aussprache auch vor e und i [kw].
Bsp.:

conseqüència	[kunsə'kwɛnsiə]	"Konsequenz"
qüestió	[kwəsti'o]	"Frage"

r im Anlaut sowie nach l, m und n als stark, mehrfach gerolltes Zungenspitzen-r : [rr], wie in span. "perro".
Bsp.:

riu	['rriu]	"Fluß"
ric	['rrik]	"reich"
somriure	[sum'rriurə]	"lächeln"
honrós	[un'rros]	"ehrenvoll"

intervokalisch sowie vor und nach Konsonant (außer l, m, n) wird r als einfach gerolltes [r] ausgesprochen.

Bsp.:

ca<u>r</u>a	['karə]	"Gesicht"
ho<u>r</u>a	['ɔrə]	"Stunde"
<u>c</u>rit	['krit]	"Ruf, Schrei"
al<u>tr</u>e	['aɫtrə]	"anderer"

auslautendes <u>r</u> ist fast immer stumm, so z.B. in allen Infinitivendungen sowie in den Endungen <u>-ar</u>, <u>-er</u>, <u>-or</u> und <u>-dor</u>.
Bsp.:

rent<u>ar</u>	[rrən'ta]	"waschen"
pod<u>er</u>	[pu'δe]	"können"
mor<u>ir</u>	[mu'ri]	"sterben"
cl<u>ar</u>	['kla]	"klar"
forn<u>er</u>	[fur'ne]	"Bäcker"
seny<u>or</u>	[sə'ɲo]	"Herr (mit Name)"
pesca<u>dor</u>	[pəskə'δo]	"Fischer"

Die wichtigsten Ausnahmen, bei denen auslautendes <u>r</u> gesprochen wird, sind:

am<u>or</u>	[ə'mor]	"Liebe"
c<u>or</u>	['kɔr]	"Herz"
ent<u>er</u>	[ən'ter]	"ganz"
fav<u>or</u>	[fə'βor]	"Gefallen"
m<u>ar</u>	['mar]	"Meer"

Das nur intervokalisch auftretende
rr wird immer [rr] ausgesprochen.
Bsp.:

te<u>rr</u>a	['tɛrrə]	"Erde, Land"
da<u>rr</u>er	[dər're]	"letzter"
bu<u>rr</u>o	['burru]	"Esel"

s ist an- oder auslautend als scharfes, stimmloses [s] auszusprechen, wie in dtsch. "abrei<u>ß</u>en".
Bsp.:

<u>s</u>i<u>s</u>	['sis]	"sechs"
<u>s</u>abata	[sə'βatə]	"Schuh"
na<u>s</u>	['nas]	"Nase"
gra<u>s</u>	['gras]	"dick"

intervokalisch als stimmhaftes [z], wie in dtsch. "abrei<u>s</u>en"; ebenso vor stimmhaftem Konsonant.
Bsp.:

co<u>s</u>a	['kɔzə]	"Sache, Ding"
ca<u>s</u>a	['kazə]	"Haus"
e<u>sb</u>orrar	[əzβur'ra]	"auswischen"
pri<u>sm</u>a	['prizmə]	"Prisma"

ss ist immer stimmloses [s].
Bsp.:

massa	['masə]	"zu, zu viel"
passejar	[pəsə'ʒa]	"spazierengehen"

t ist immer [t].
Bsp.:

tia	['tiə]	"Tante"
carta	['kartə]	"Brief"
gat	['gat]	"Katze"

auslautend nach l und n ist t allerdings stumm; ebenso zwischen r + s (s. unter **d** S. 17).
Bsp.:

molt	['moɫ]	"viel"
alt	['aɫ]	"hoch, groß"
content	[kun'ten]	"zufrieden"
sant	['san]	"heilig"
dimarts	[di'mars]	"Dienstag"

tg (vor e, i) und **tj** (vor a, o, u) werden [dʒ] ausgesprochen, wie in ital. "gente".
Bsp.:

formatge	[fur'madʒə]	"Käse"
metge	['medʒə]	"Arzt"
platja	['pladʒə]	"Strand"
pitjor	[pi'dʒo]	"schlimmer"

tll entspricht doppeltem [λ], also [λλ]; t bleibt dabei stumm.
Bsp.:

espatlla	[əs'paλλə]	"Schulter"
bitllet	[biλ'λet]	"(Fahr-)Karte"

Ebenfalls stumm ist t in den Verbindungen
tl, tm, tn. Dabei werden aber m und n verdoppelt.
Bsp.:

setmana	[səm'manə]	"Woche"
ritme	['rrimmə]	"Rhythmus"
cotna	['konnə]	"Rinde, Kruste"
atleta	[ə'letə]	"Athlet, Sportler"

tz wird stimmhaft als [dz] ausgesprochen.
Bsp.:

tretze	['tredzə]	"dreizehn"
utilitzar	[utili'dza]	"gebrauchen"

tx entspricht [tʃ], wie in dtsch. "Kutsche" (s. unter **-ig** S. 18).

Bsp.:

cotxe	['kotʃə]	"Auto, Autobus"
despatx	[dəs'patʃ]	"Büro"

v wird wie b (s.o. S. 16) ausgesprochen, also [b] oder [β].

Bsp.:

vacances	[bə'kansəs]	"Ferien"
sovint	[su'βin]	"oft"
avui	[ə'βui]	"heute"

x wird [ʃ] ausgesprochen, wie dtsch. "sch". Geht der Verbindung
ix ein weiterer Vokal voraus, so bleibt i stumm.

Bsp.:

xerrar	[ʃər'ra]	"plaudern"
panxa	['panʃə]	"Bauch"
caixa	['kaʃə]	"Kasse"
mateix	[mə'teʃ]	"derselbe, selbst"
maduixa	[mə'δuʃə]	"Erdbeere"

Ausnahmen:

In Fremd- bzw. gelehrten Wörtern ist die Aussprache jedoch [ks].

Bsp.:

taxi	['taksi]	"Taxi"
text	['tekst]	"Text"

In der Vorsilbe ex- wird vor Vokal (oder h) [gz] gesprochen; vor Konsonant wird die Aussprache [ks] durch [s] verdrängt.

Bsp.:

examen	[əg'zamən]	"Prüfung, Examen"
exemple	[əg'zemplə]	"Beispiel"
exhibir	[əgzi'βi]	"ausstellen"
explicar	[əks-/əs-pli'ka]	"erklären"
excloure	[əks-/əs-'klourə]	"ausschließen"

Zur Aussprache von **tx** s.o. unter **t** !

y s. unter **ny** S. 20 !

z wird immer als stimmhaftes [z] ausgesprochen, wie in dtsch. "Rasen" (s. unter **s** S. 21).

Bsp.:

zona	['zonə]	"Zone"
onze	['onzə]	"elf"
colze	['koɫzə]	"Ellbogen"

Zur Aussprache von **tz** s.o. unter **t** !

Betonung und Akzent

Im Katalanischen kann die letzte, vorletzte oder drittletzte Silbe betont sein. Wie im Französischen oder Spanischen gibt es auch im Katalanischen einen sogenannten "graphischen", d.h. geschriebenen Akzent, und zwar als Akut (´) (kat. "accent agut") und als Gravis (`) (kat. "accent greu").

Betonungsregeln:

1. Mehrsilbige Wörter ohne graphischen Akzent werden
   a) auf der vorletzten Silbe betont, wenn sie auf Vokal, Vokal + s, -en oder -in enden.
   Bsp.:

cadira	[kə-'δi-rə]	"Stuhl"
edifici	[ə-δi-'fi-si]	"Gebäude"
dimecres	[di-'me-krəs]	"Mittwoch"
canten	['kan-tən]	"sie singen"
comprin	['kom-prin]	"sie kaufen" (Konj.Praes.)

   oder

   b) auf der letzten Silbe, wenn sie auf Konsonant (außer auf Vokal + s, -en, -in, s.o.) enden.
   Bsp.:

parlem	[pər-'lɛm]	"wir sprechen"
feliç	[fə-'lis]	"glücklich"
tanmateix	[təm-mə-'teʃ]	"immerhin, dennoch"

2. Bei Ausnahmen von Regel 1 sowie bei allen auf der drittletzten Silbe betonten Wörtern wird die betonte Silbe durch einen graphischen Akzent gekennzeichnet.
   Man beachte, daß a nur den Gravis (à), i und u nur den Akut (í, ú) tragen können; e und o können offen den Gravis (è, ò) bzw. geschlossen den Akut (é, ó) tragen.
   Bsp.:

fàcil	['fa-siɫ]	"leicht"
aquí	[ə-'ki]	"hier"
ningú	[niŋ-'gu]	"niemand"
perquè	[pər-'kɛ]	"weil"
això	[ə-'ʃɔ]	"dies, das"
revés	[rrə-'βes]	"Rückseite"
racó	[rrə-'ko]	"Ecke, Winkel"
màquina	['ma-ki-nə]	"Maschine"
família	[fə-'mi-li-ə]	"Familie"

3. Bei der Gruppe der einsilbigen, und damit ohnehin endbetonten Wörtern ist zu beachten, daß alle Formen des Artikels, alle schwachen Personalpronomen (z.B. em/me, et/te, es/se etc.), die Pronomen ho, en/ne, hi, die Präpositionen a, amb, de, per, en sowie que und i und einige wenige andere immer unbetont sind.

Neben der Funktion, die betonte Silbe anzuzeigen, dient der graphische Akzent zuweilen auch dazu, den (oft wichtigen) Bedeutungsunterschied bei - meist einsilbigen - Wörtern gleicher Schreibweise zu verdeutlichen (bei e und o meist auch Ausspracheunterschied).

Bsp.:

té	['te]	"er hat"	/	te	['tɛ]	"Tee"
déu	['deu]	"Gott"	/	deu	['dɛu]	"zehn"
bé	['be]	"gut"	/	be	['bɛ]	"Lamm"
dóna	['donə]	"er gibt"	/	dona	['dɔnə]	"Frau"

aber:

més	"mehr"	/	mes	"Monat"	:	['mes]
sòl	"Boden"	/	sol	"allein / Sonne"	:	['sɔɫ]

Da die Silbenzahl eines Wortes für die richtige Betonung sehr wichtig ist, sei nochmals darauf hingewiesen, daß

1. i und u intervokalisch [j] und [w] ausgesprochen werden (s.o. unter **i** und **u** S. 15, 16). So ist diuen ['di-wən] "sie sagen" ebenso zweisilbig wie noies ['nɔ-jəs] "Mädchen" (Pl.).
2. ein Diphthong nur einer Silbe entspricht (Definition s.o. unter **i** S. 14).
3. i und u mit Trema oder Akzent (ï, í, ü, ú) sowie zwischen Konsonant und Vokal immer eine eigene Silbe darstellen. Das Trema entfällt, wenn ohnehin ein Akzent stehen muß.

Längere, zusammengesetzte Wörter besitzen im Katalanischen, wie in anderen Sprachen auch, z.B. dtsch. "Finanzbeamter", eine zweite, schwächer betonte Silbe, einen sogenannten "Nebenton".* Im Katalanischen gilt dies immer für Adverbien auf -ment sowie für Komposita mit (meist zweisilbigen) Präfixen wie ex-, contra-, anti-, semi- etc.

Bsp.:

lentament	[ˌlentə-'men]	"langsam" (Adv.)
guarda-roba	[ˌgwarδə-'rrɔβə]	"Garderobe"
portamonedes	[ˌpɔrtə-mu'nɛδəs]	"Portemonnaie"
semicercle	[ˌsemi-'serkklə]	"Halbkreis"

Satzphonetik

Die bisherigen Ausspracheerläuterungen betreffen nur das einzelne Wort. In einer Wortgruppe oder im Satzzusammenhang ergeben sich aber einige Veränderungen der Aussprache. Dabei spielt die "Stimmhaftigkeit" bzw. "Stimmlosigkeit" von Konsonanten eine wichtige Rolle. Stimmhaft sind u.a. folgende Konsonanten bzw. Konsonantenverbindungen:
[b/β, d/δ, g/γ, ʒ, dʒ, z, dz, m].
Stimmlos dagegen sind: [p, t, k, f, s, ʃ, tʃ].

---

* Das Zeichen (ˌ) steht vor der "Nebentonsilbe".

Die wichtigsten Ausspracheveränderungen in Kürze:

1. an- oder auslautendes [ə] verstummt beim Zusammentreffen mit einem anderen Vokal.
   Bsp.:

	una	[unə]	"eine"
	hora	['ɔrə]	"Stunde"
aber:	una hora	[un'ɔrə]	

2. Treffen zwei gleiche Vokale aufeinander, werden sie als einfacher Vokal ausgesprochen.
   Bsp.:

	el carter	[əɫkər'te]	"der Briefträger"
	entra	['entrə]	"(er) tritt ein"
aber:	el carter entra	[əɫkər'tentrə]	

3. n wird vor p, b, f, v und m zu [m], vor [k] und [g] zu [ŋ] (s.o. **n** S. 20).
   Bsp.:

un moment	[ummu'men]	"ein Moment"
un carrer	[uŋkər're]	"eine Straße"

4. Auslautend [p, t, k] werden vor anlautenden stimmhaften Konsonanten zu [b, d, g].
   Bsp.:

cap botiga	['kabbu'tiγə]	"kein Geschäft"
un petit gat	[umpə'tid'gat]	"eine kleine Katze"

5. Auslautend [f, s, ʃ, tʃ] werden vor anlautenden stimmhaften Konsonanten sowie vor Vokal stimmhaft: [v, z, ʒ, dʒ].
   Bsp.:

	mateix	[mə'teʃ]	"derselbe"
	vaig	['batʃ]	"ich gehe"
aber:	el mateix alumne	[əɫmə'teʒə'lumnə]	"derselbe Schüler"
	vaig a casa	['badʒə'kazə]	"ich gehe nach Hause"

6. Anlautend [b, d, g] werden nach Vokal sowie [b, g] nach [ɫ, r, z] und [d] nach [r, z] zu [β, δ, γ].
   Bsp.:

canta bé	['kantəβ'e]	"er singt gut"
les dones	[ləz'δɔnəs]	"die Frauen"

7. Das stumme -r der Infinitivendungen wird vor angehängtem, schwachen Personalpronomen hörbar.
   Bsp.:

vol donar-me	['bɔɫdu'narmə]	"er will mir geben"

1. Lektion

1.1. Text: Catalunya: La terra

El Pirineu, situat al nord, és la barrera natural entre la Península i Europa.(...) Catalunya és evidentment mediterrània, però amb una diversitat de clima i de paisatge. Les zones de l'est del Llobregat i de cap al nord formen part de l'Espanya humida. Per contra, vers el sud i l'oest predomina el clima un xic més àrid i també hi ha, per tant, una vegetació menys densa.(...)
Les terres que integren les comarques catalanes tenen un gran interès turístic (...). Així, per exemple, i des del punt de vista de la natura, el Pirineu és un lloc ideal per als esports d'hivern (...).
Si fem un pas endavant, ens trobem ja en plena Costa Brava, litoral accidentat amb petites cales paradisíaques i pinedes tofudes, de sentor penetrant i forta. També trobem llocs d'interès arqueològic com Sant Pere de Roda, (...) Empúries, Ullastret, Pals, Tossa, etc. Si descendim cap al sud, trobem el Maresme, comarca que arriba fins a Barcelona, amb un litoral de platges obertes i extenses (...).

[Empúries]

El Delta de l'Ebre (...) mereix un capítol a part, i la gairebé desconeguda desembocadura del riu, d'una bellesa única, amb l'illa de Buda solitària, els ànecs salvatges volant de riba a riba i l'espectacle insòlit dels ramats de braus travessant (...) l'impetuós i ample corrent de l'Ebre.

(aus: Joan Perucho: *Teoria de Catalunya*, Barcelona 1985, S. 17 ff.)

1.2. Vokabeln

(Für hier fehlende Vokabeln s. auch Aussprachebeispiele S. 12-26 und Wörterverzeichnis S. 99 ff.)

el,els/la,les	(bestimmter Artikel)	paisatge m.	Landschaft
Pirineu m.	die Pyrenäen	est m. / nord m.	Osten / Norden
situat	gelegen	cap a	nach,hin,zu,auf
a / de	in,zu,nach / von	formen part (de)	sie gehören (zu)
per	durch,für	humit/humida	feucht
és	er,sie,es ist	per contra	dagegen,aber
barrera f.	Schranke,Grenze	vers	in Richtung,nach
natural	natürlich	sud m. / oest m.	Süden / Westen
entre	zwischen	predomina	es herrscht vor
península f.	Halbinsel	un xic ['ʃik]	ein wenig
i	und	més	mehr
evidentment	offensichtlich	àrid/àrida	trocken
però	aber	hi ha	es gibt,dort ist
amb	mit	per tant	deshalb
diversitat f.	Vielfalt	menys ['meɲs]	weniger

dens/densa	dicht	penetrant	durchdringend
terra f.	Erde,Gebiet	fort/forta	stark
integren	sie bilden	descendim	wir gehen hinunter
comarca f.	Bezirk,Gebiet	arribar	hier: reichen bis
tenen	sie besitzen	fins (a)	bis
gran	groß	obert/oberta	offen
així [ə'ʃi]	so	extens/extensa	weit,ausgedehnt
des de	von	mereix [mə'rɛʃ]	es verdient
punt de vista m.	Standpunkt	capítol m.	Kapitel
lloc m. [λɔk] (1)	Ort,Stelle	a part	für sich
per a	für,um...zu	gairebé	fast
esport m.	Sport	desconegut/-da	unbekannt
hivern m.	Winter	desembocadura f.	Mündung
si	wenn,falls,ob	bellesa f.	Schönheit
fem	wir tun/machen	únic/única	einzig(-artig)
pas m.	Schritt	solitari/-ària	einsam
endavant	nach vorn	ànec m.	Ente
ens	uns	salvatge	wild
trobem	wir (be-)finden	volant [bu'lan]	fliegend
ja	schon	de...a	von...bis,zu
en	in	riba f.	Ufer
ple/plena	voll,ganz	insòlit/insòlita	ungewohnt
litoral m.	Küste(ngebiet)	ramat m.	Herde
accidentat/-da	hügelig,uneben	brau m.	Stier
cala f.	Bucht	travessant	durchquerend
paradisíac/-a	paradiesisch	impetuós/-a	ungestüm
pineda f.	Pinienwald	ample/ampla	breit
tofut/tofuda	dicht belaubt	corrent m.	Strom,Fluß
sentor f.	Geruch	Ebre	Ebro

1.3. Grammatik

1.3.1. Der Artikel

Der bestimmte Artikel lautet:

	mask.	fem.
Sg.	el	la
Pl.	els	les

Vor Vokal oder h- werden el und la zu l'; allerdings nicht vor fem. Substantiven, die mit unbetontem i oder u (bzw. hi- und hu-) anlauten.

Bsp.:

	el tren	/ els trens	"der Zug	/ die Züge"
	la carta	/ les cartes	"der Brief	/ die Briefe"
	l'arbre	/ els arbres	"der Baum	/ die Bäume"
	l'oliva	/ les olives	"die Olive	/ die Oliven"
aber:	la universitat	/ les universitats	"die Universität	/ die Universitäten"
	la indústria	/ les indústries	"die Industrie	/ die Industrien"
	la humanitat		"die Menschheit"	

Der unbestimmte Artikel lautet:

	mask.	fem.
Sg.	un	una
Pl.	uns	unes

Die Pluralformen uns, unes können in manchen Fällen, wie im Span., mit "einige, ein paar" übersetzt werden.
Bsp.:

un amic	"ein Freund"	/ uns raïms	"ein paar Weintrauben"
una porta	"eine Tür"	/ unes taules (2)	"einige Tische"

Schließlich gibt es im Kat. noch einen sogenannten "persönlichen" Artikel, der vor Eigennamen Verwendung findet (3).
Im Mask.: en, vor Vokal: l'
Im Fem.: la (oder na), vor Vokal: l'
Bsp.:
en Josep, l'Enric, la Joana

Die Präpositionen per, a, de werden mit el und els (nicht aber mit l') zu pel/pels, al/als, del/dels kontrahiert.
Bsp.:

	al pare, del pare	"dem Vater, des Vaters (vom Vater)"
aber:	a l'oncle, de l'oncle	"dem Onkel, des Onkels (vom Onkel)"

Die Artikelform el erscheint ferner vor Jahreszahlen und Monatsnamen.
Bsp.:

el 1986	"(im Jahre) 1986"
el juliol del 1975	"im Juli (des Jahres) 1975"

1.3.2. Das Substantiv

Im Kat. gibt es zwei Genera der Substantive: Mask. und Fem. Während die mask. Substantive fast nie an ihrer Endung erkannt werden können, enden die fem. Substantive sehr oft auf -a.

Regeln der Pluralbildung:

1. Grundsätzlich wird an die Substantive ein -s angefügt. Auslautendes, unbetontes -a (also [ə]) wird vor diesem Plural-s immer e geschrieben, also -es.
   Bsp.:

	el ganivet	/ els ganivets	"das Messer	/ die Messer"
	la paret	/ les parets	"die Wand	/ die Wände"
aber:	el dia	/ els dies	"der Tag	/ die Tage"
	la cadira	/ les cadires	"der Stuhl	/ die Stühle"

Beachte: Bei der Pluralbildung der Substantive auf -a treten zuweilen orthographische Änderungen ein, um die korrekte Aussprache zu erhalten.
Bsp.:

amiga	[ə'miɣə] :	amigues	[ə'miɣəs]	"Freundin / Freundinnen"
platja	['pladʒə] :	platges	['pladʒəs]	"Strand / Strände"

2. Wörter, die auf betonten Vokal enden, bilden den Plural fast immer durch Anfügen von -ns (4).
   Bsp.:

la mà	/ les mans	"die Hand	/ die Hände"
el camí	/ els camins	"der Weg	/ die Wege"
el botó	/ els botons	"der Knopf	/ die Knöpfe"

   Die wichtigsten Ausnahmen sind:
   te/tes ("Tee(-sorten)"), mamà/mamàs, papà/papàs, cafè/cafès, sofà/sofàs.

3. Wörter, die auf -ç, -x, -sc, -st, -tx, -xt enden, bilden den Plural durch Anfügen von -os.
   Bsp.:

el braç	/ els braços	"der Arm	/ die Arme"
el peix	/ els peixos	"der Fisch	/ die Fische"

   Beachte: Neben diesen (korrekten) Pluralformen auf -os findet man manchmal die einfache Pluralbildung mit -s.
   Bsp.:

   el bosc / els boscos / boscs "der Wald / die Wälder"

4. Bei Wörtern, die im Singular auf -s enden, ist zu unterscheiden:
   a) mask. Substantive, die auf der letzten Silbe betont werden, fügen -os an, wobei das -s nach Vokal meist verdoppelt wird.
   Bsp.:

	tros	/ trossos	"das Stück	/ die Stücke"
	interès	/ interessos	"das Interesse	/ die Interessen"
aber:	curs	/ cursos	"der Kurs	/ die Kurse"

   Wichtige Ausnahmen sind:
   mes/mesos "Monat", país/països "Land", cas/casos "Fall", pis/pisos "Wohnung, Stockwerk".

   b) fem. Substantive, die im Singular auf -s enden, und mask. Substantive auf -s, die nicht endbetont sind, bleiben im Plural unverändert.
   Bsp.:

l'òmnibus	/ els òmnibus		
el llapis	/ els llapis	"der Bleistift	/ die Bleistifte"

5. Unverändert sind ferner:
   el temps/els temps, el fons/els fons ("Boden, (Unter-)Grund") sowie die Wochentage (außer dissabte "Samstag" und diumenge "Sonntag").

6. Besondere Bedeutung besitzt der Plural bei:

el pare	"der Vater"	:	els pares	"die Eltern"
el rei	"der König"	:	els reis	"das Königspaar"
l'avi	"der Großvater"	:	els avis	"die Großeltern"
el fill	"der Sohn"	:	els fills	"die Kinder"

1.3.3. Das Verb (I)

Im Katalanischen gibt es drei Konjugationen:
Zur I. Konjugation gehören die Verben auf -ar, die alle, mit Ausnahme von anar und estar (s.u. S. 32 ff.), regelmäßig sind.
Zur II. Konjugation gehören die Verben auf -er und -re sowie dir und dur. Viele Verben dieser Konjugation sind unregelmäßig (s. S. 75 ff.).
Zur III. Konjugation gehören alle Verben auf -ir. Eine große Anzahl der Verben dieser Konjugation zeigt im Praesens Indikativ und Konjunktiv sowie im Imperativ eine Stammerweiterung -eix- (5) (sogen. "inchoative Verben" (IIIa), nicht zu verwechseln mit Verben wie merèixer, conèixer, die mit der Endung -er zur II. Konjg. gehören). Die wichtigsten Verben ohne -eix- (IIIb) sind: collir, cosir, dormir, eixir, escopir, fugir, morir, obrir, omplir, pudir, sentir, sortir, tenir, tossir, venir (s.u. S. 78).

1.3.3.1. Indikativ Praesens

Bsp.:	Konjugation:	I	II	IIIa	IIIb
		parl-ar	perd-re	lleg-ir	dorm-ir
1.Ps.Sg.	(ich)	parlo	perdo	llegeixo	dormo
2.Ps.Sg.	(du)	parles	perds	llegeixes	dorms
3.Ps.Sg.	(er,sie,es)	parla	perd	llegeix	dorm
1.Ps.Pl.	(wir)	parlem	perdem	llegim	dormim
2.Ps.Pl.	(ihr)	parleu	perdeu	llegiu	dormiu
3.Ps.Pl.	(sie)	parlen	perden	llegeixen	dormen

Die 1. und 2.Ps.Pl. sind endbetont, z.B. parlem [pər-'lɛm], alle übrigen stammbetont, z.B. dormen ['dɔr-mən]. Bei IIIa liegt die Betonung immer auf -eix-, z.B. llegeix [λə-'ʒɛʃ].

1.3.3.2. Konjunktiv (kat. "subjuntiu") Praesens

(Zum Gebrauch des Konjunktivs s. S. 60 ff.)

Bsp.:	I	II	IIIa	IIIb
1.Ps.Sg.	parli	perdi	llegeixi	dormi
2.Ps.Sg	parlis	perdis	llegeixis	dormis
3.Ps.Sg.	parli	perdi	llegeixi	dormi
1.Ps.Pl.	parlem	perdem	llegim	dormim
2.Ps.Pl.	parleu	perdeu	llegiu	dormiu
3.Ps.Pl.	parlin	perdin	llegeixin	dormin

Beachte: Um eine korrekte Aussprache zu gewährleisten, treten bei der Konjugation der Verben auf -car, -çar, -jar, -gar, -guar, -quar orthographische Änderungen ein.

Bsp.:

tancar	"schließen" :	tanco	['taŋku]	aber:	tanquen	['taŋkən]
menjar	"essen" :	menjo	['menʒu]	aber:	mengen	['menʒən]

Vgl. frz. "manger" aber: "nous mangeons"

Bei den Verben auf -ear, -uar, -iar erhalten die Konjunktivendungen -i, -is, -in ein Trema : -ï, -ïs, -ïn, z.B.: canviar : canvi-ïn

1.3.3.3. Das Partizip Perfekt

Die Verben der I. Konjg. bilden das Part.Perf. immer auf -at/-ada, z.B.:
cant-ar —> cant-at (m.) / cant-ada (f.) "singen" : "gesungen"

Die Verben der III. Konjg. bilden es fast immer auf -it/-ida, z.B.:
serv-ir —> serv-it (m.) / serv-ida (f.) "dienen" : "gedient"

Ausnahmen: cobrir "bedecken": cobert/-a, complir "erfüllen": complert/-a, establir "einrichten": establert/-a, obrir "öffnen": obert/-a, oferir "anbieten": ofert/-a, omplir "füllen": omplert/-a, sofrir "leiden": sofert/-a, tenir "haben, besitzen": tingut/-uda, venir "kommen": vingut/-uda, morir "sterben": mort/-a, imprimir "drucken": imprès/-a.

Das "regelmäßige" Part.Perf. der II. Konjg. endet auf -ut/-uda (viele Ausnahmen, s.u. S. 75 ff.), z.B.:
perd-re —> perd-ut (m.) / perd-uda (f.) "verlieren" : "verloren"

Die fem. Form des Part.Perf. wird eher selten gebraucht, am häufigsten in attributivischer und prädikativer Funktion, z.B.
la bicicleta furtada "das gestohlene Fahrrad"
La casa és ensorrada. "Das Haus ist eingestürzt."
und in Passivsätzen (s.u. S. 68); zur Angleichung des Part. s. S. 95.

1.3.3.4. *anar* "gehen"

Praesens:	Indikativ:	vaig	Konjunktiv:	vagi
		vas		vagis
		va		vagi
		anem		anem
		aneu		aneu
		van		vagin

Mit anar + nachfolgendem Infinitiv wird das Pretèrit Perfet Perifràstic gebildet, eine im Katalanischen sehr häufig benutzte Zeit der Vergangenheit. Dabei werden aber anem und aneu durch die Formen vam und vau im Indikativ und durch vàgim und vàgiu im Konjunktiv ersetzt.

Bsp.:

Ahir vaig visitar un amic.	"Gestern besuchte ich einen Freund."
La setmana passada vam anar a Barcelona.	"Letzte Woche sind wir nach Barcelona gefahren (gegangen)."

1.3.3.5. *estar / ésser* "sein"

Wie im Span. gibt es auch im Kat. zwei Verben für "sein" : estar und ésser (Kurzform: ser) (6).

Indikativ Praesens:	estar	ésser
"ich bin"	estic	sóc
"du bist"	estàs	ets
"er,sie,es ist"	està	és
"wir sind"	estem	som
"ihr seid"	esteu	sou
"sie sind"	estan	són
Konjunktiv Praesens:	estigui	sigui
	estiguis	siguis
	estigui	sigui
	estiguem	siguem
	estigueu	sigueu
	estiguin	siguin
Pretèrit Perfet Perifràstic:		
"ich war/bin gewesen"	vaig estar	vaig ésser/ser
"du warst/bist gewesen"	vas estar	vas ésser/ser
	etc.	etc.
Partizip Perfekt:	estat	estat (oder: sigut)

Ist das Subjekt des Satzes unbelebt, z.B. ein Gegenstand, kann nur ésser benutzt werden. Eine Wahl zwischen ésser und estar ist also nur dann notwendig, wenn das Subjekt des Satzes belebt ist, z.B. ein Mensch, ein Tier oder, selten, eine personifizierte Sache.

1) ésser wird u.a. gebraucht, um

a. die Zugehörigkeit zu einer Gruppe oder Kategorie, z.B. Berufsgruppe, auszudrücken, z.B.:
Sou estudiants. "Ihr seid Studenten."

b. um, meist in Verbindung mit einem Adjektiv, eine charakteristische, dauerhafte Eigenschaft (oder Zustand) auszudrücken, z.B.:
Es fort. "Er ist stark."

c. um den momentanen, tatsächlichen Aufenthaltsort anzuzeigen, z.B.:

On ets? Sóc aquí.	"Wo bist du ? Ich bin hier."
La tia és ara a casa.	"Die Tante ist jetzt zu Hause."

d. als Hilfsverb zur Bildung des Passivs (s.u. S. 68), z.B.:

La casa va ser construida.	"Das Haus wurde gebaut."

2) estar wird dagegen gebraucht, um

a. eine zufällige, momentane Eigenschaft (Zustand) auszudrücken, z.B.:

Està malalt.	"Er ist krank."

b. einen zeitlich begrenzten Aufenthalt zu beschreiben, z.B.:

Vau estar dos dies a Lleida.	"Ihr seid 2 Tage in Lleida gewesen."

c. um, in Verbindung mit dem Gerundium, den Ablauf einer noch andauernden Handlung auszudrücken (s.u. S. 67), z.B.:

Estem menjant.	"Wir essen gerade."

1.3.4. Die Verneinung (Negation) (I)

Die Verneinung no "nicht" steht wie im Span. vor der konjugierten Verbform und evtl. unbetonten Pronomen (s.u. S. 43).
Bsp.:

Compra un llibre, però no llegeix el llibre.	"Er kauft ein Buch, aber er liest das Buch nicht."
Anem a l'escola, però, després, no volem anar a casa.	"Wir gehen zur Schule, aber danach wollen wir nicht nach Hause gehen."
No tinc diners.	"Ich habe kein Geld."

1.3.5. Die betonten Personalpronomen (Subjektpronomen)

1.Ps.Sg.	"ich"	jo	1.Ps.Pl.	"wir"	nosaltres
2.Ps.Sg.	"du"	tu	2.Ps.Pl.	"ihr"	vosaltres
3.Ps.Sg.	"er,sie"	ell, ella	3.Ps.Pl.	"sie"	ells, elles
Anrede Sg.	"Sie"	vostè	Anrede Pl.	"Sie"	vostès
reflexiv	"sich"	si			

Wie im Span. oder Ital. werden diese Pron. (außer si) als Subjektpronomen nur bei besonderer Betonung des Subjekts benutzt, z.B. bei Gegensätzen:

Jo canto, però tu dorms.	"Ich singe, aber du schläfst."

Sie werden weiterhin nach allen Präpositionen benutzt, außer jo, das fast immer durch mi ersetzt wird. In Verbindung mit einem weiteren Pron. wird aber jo auch nach einer Präposition beibehalten.

Bsp.:

	amb tu	"mit dir"
	amb mi	"mit mir"
aber:	entre tu i jo	"zwischen dir und mir"
	de nosaltres	"von uns"
	contra si mateix	"gegen sich selbst"

Die Höflichkeitsform (Anredeform) ist vostè (Pl. vostès). Daneben existiert noch die Form vós (7). Die Formen vostè / vostès werden mit der 3.Ps.Sg. bzw. Pl. des Verbs gebraucht, vós immer mit der 2.Ps.Pl.
Bsp.:

Com està vostè ?	"Wie geht es Ihnen ?"
Senyors, vostès són molt gentils.	"Meine Herrn, Sie sind sehr höflich."

1.4. Anmerkungen

1) In vielen kat. Erbwörtern wurde einfaches lat. Anlaut-l zu ll- [λ], z.B. lat. LO-CU(M)* > kat. lloc, LINGUA(M) > llengua.

2) Anhand dreier Beispiele sei auf die lexikalischen Unterschiede zwischen dem Kastilischen (Spanischen) und Katalanischen hingewiesen:

a)	"Tisch"	kat.	taula	
		frz.	table	< lat. TABULA(M) "Brett, Tafel"
		ital.	tavola	
	aber:	span.	mesa	< lat. MENSA(M) "Tisch"
b)	"Fenster"	kat.	finestra	
		frz.	fenêtre	< lat. FENESTRA(M) "Fenster"
		ital.	finestra	
	aber:	span.	ventana	< Ableitung von lat. VENTU(M) "Wind" etwa: "Windöffnung"
c)	"essen"	kat.	menjar	
		frz.	manger	< lat. MANDUCARE "essen, kauen"
		ital.	mangiare	
	aber:	span.	comer	< lat. COMEDERE "aufessen, verzehren"

3) Die Formen des "persönlichen Artikels", en/na, sind Reste einer höflichen Anrede mit "Domi-na" bzw. "Domi-ne" (vgl. span. "Don Carlos"). ne bildete sich vor Konsonant zu en um.

---

* Lat. Ausgangswörter (sogen. "Etyma", Sg. das "Etymon") werden hier mit Großbuchstaben geschrieben. Die für die Lautentwicklung zugrundegelegte Ausgangsform ist die lat. Akk.-Form. Ein * (sogen. *Asterisk*) vor einer Form besagt, daß es sich nur um eine rekonstruierte, vorauszusetzende, aber in Texten nicht belegte Form handelt.

4) Daß bei den meisten Wörtern, die auf betonten Vokal enden, der Plural mit -ns gebildet wird, liegt daran, daß die lat. Etyma ein -n- enthielten, das aber - im Laufe der Sprachentwicklung in den Wortauslaut geraten - schließlich verstummte.
Bsp.:

	mà	<	*ma(~~n~~)	<	lat.	MAN(-~~UM~~)
aber:	mans	<	mans	<	lat.	MAN(~~U~~)S
	germà	<	*germa(~~n~~)	<	lat.	GERMAN(-~~UM~~)
aber:	germans	<	germans	<	lat.	GERMAN(Ø)S

5) Das "Infix" -eix- bei vielen Verben der III. Konjg. geht auf lat. -ISC- bzw. -ESC- zurück. Im Lat. wurde dadurch der Beginn einer Handlung betont, z.B. FLORERE "blühen" : FLORESCERE "zu blühen beginnen". Diese Sinngebung ist heute gänzlich verschwunden.

6) Die lat. Etyma für ésser und estar sind einmal ESSE "sein", an das die regelmäßige lat. Infinitivendung -RE angehängt wurde: ESSE + -RE > essere > ésser; zum anderen STARE (eigentl. "stehen"). In den westromanischen Sprachen, z.B. Frz., Span., Kat., entwickelte sich im Anlaut der Wörter, die mit s + Konsonant anlauteten, - wohl aus satzphonetischen Gründen - ein e- bzw. i- (sogen. prothetisches e-/i-): E + STARE > *estare > estar.

7) Die Höflichkeitsform vós wird offenbar immer mehr von vostè verdrängt.

1.5. Übungen

1) Lesen Sie zur besseren Einübung der Aussprache den Text auf S. 27 mehrmals laut. Berücksichtigen Sie dabei satzphonetische Veränderungen.

2) Übersetzen Sie diesen Text.
Berücksichtigen Sie die als Aussprachebeispiele (S. 12-26) genannten Vokabeln. Diese gehören fast alle zum kat. Grundwortschatz !

3) Bilden Sie den Plural folgender Substantive und versehen Sie sie mit allen möglichen Artikelformen:
muller (f. "Ehefrau"), home, camp, plaça (f. "Platz"), país, mes, comarca, hivern, camí (m. "Weg"), ratolí (m. "Maus"), casa, nas.

4) Konjugieren Sie die folgenden Verben im Ind. und Konj. Praesens:
seguir, comprar, pagar, témer, començar, sentir, merèixer.

5) Übersetzen Sie (Verwenden Sie, falls nötig, die betonten Personalpronomen):
Er ist Arzt. Sie ist mit dir in Barcelona. Wir waren einen Monat in Frankreich (França f.), ihr aber nur einige Tage. Sie sind dick. Ich gehe jetzt nicht zu ihnen. Ohne dich sind sie verloren. Du bist nicht krank. Wir lesen jeden Tag die Zeitung. Ihr sprecht auch Englisch (anglès). Die Freunde gehen heute nicht an den Strand.

2. Lektion

2.1. Text: *La història dels Jocs Olímpics 1992 a Barcelona*

"El juny del 1921, els membres del COI (Comitè Olímpic Internacional) van reunir-se a Lausana per tal d'elegir les ciutats que organitzarien els Jocs del 1924 i del 1928. Les ciutats candidates amb més possibilitats eren Amsterdam, L'Havana, Roma, Los Angeles, Praga, París i Barcelona.(...) Finalment París va ser nominada per a organitzar l'esdeveniment per segona vegada, mentre que l'edició del 1928 va ser atorgada a Amsterdam.(...) El maig del 1931 va saber-se que el COI havia elegit Berlín, que havia obtingut 43 vots per només 16 de Barcelona, com a organitzadora de l'onzena edició dels Jocs Olímpics, que es celebraria l'any 1936. Aquesta decisió va ser catalogada per molts observadors com a una maniobra política, realitzada per elements reaccionaris del COI, contrària al reforçament de la democràcia espanyola republicana.(...)
Mesos abans de la celebració dels Jocs Olímpics del 1936 sota el nazisme imperant, un atleta polonès va anar a peu des de Varsòvia fins a Barcelona per lliurar al president de la Generalitat, Lluís Companys, un document en què es demanava la celebració d'una Olimpíada popular. El govern de la República espanyola no va acudir als Jocs de Berlín i va subvencionar l'Olimpíada popular de Barcelona amb la quantitat destinada en principi a aquell fi. Aquesta Olimpíada popular va inaugurar-se el 19 de juliol del 1936 a l'estadi de Montjuïc (...). Un fet paradoxal (...) que al cap d'unes hores arribaven les primeres notícies del cop d'Estat al Marroc espanyol (1). El secretari del comitè executiu d'aquesta Olimpíada popular, Jaume Miravitlles, recorda que "l'Olimpíada popular no va poder celebrar-se perquè Barcelona va ser seu d'un enfrontament brutal entre part de la tropa i la població civil. Tots els meus esforços van dedicar-se a facilitar la sortida cap a la frontera francesa dels atletes i els seus acompanyants, que estaven allotjats principalment a la Plaça d'Espanya i als edificis de l'Exposició" (2). La tercera vegada que Barcelona va demostrar les seves intencions d'acollir uns Jocs Olímpics va ser l'any 1965. (...) Una jugada bruta de Madrid va provocar que els principals promotors de la candidatura barcelonina als Jocs del 1972 (...) no fossin presents a la reunió del Comitè Olímpic Espanyol, que en principi havia de ser de tràmit.(...) Però (...) aquell 24 de desembre del 1965 els membres del COE van decidir presentar Madrid com a candidata per als esmentats Jocs, que finalment van ser atorgats a la ciutat alemanya de Munic.(...) Ha estat una llarga i històrica cursa de tot un poble, el català, vers una nominació plena d'esculls."

(aus: AVUI vom 18.10.1986; Originaltitel: "*La llarga i històrica cursa del poble català vers una nominació plena d'esculls*") (3)

2.2. Vokabeln

membre m.	Mitglied	popular	Volks-
reunir-se	sich vereinigen	govern m.	Regierung
per tal de	um...zu	acudir	hier: dabeisein
elegir	auswählen	destinat/-da	vorgesehen
ciutat f.	Stadt	en principi	eigentlich
que	der,die,das/daß	aquell/aquella	jene(r)
possibilitat f.	hier: Aussicht	fi m.	Zweck
eren (Impf.)	sie waren	inaugurar	eröffnen
finalment	schließlich	estadi m.	Stadion
nominar	ernennen	fet m.	Tatsache
esdeveniment m.	Ereignis	al cap de	nach Ablauf von
segon/segona	zweite(r)	arribaven (Impf.)	sie trafen ein
vegada f.	Mal	primer/primera	erste(r)
mentre que	während	notícia f.	Nachricht
edició f.	Austragung	cop d'Estat m.	Staatsstreich
atorgar	hier: übertragen	recordar(-se)	(sich) erinnern
saber-se	bekannt werden	poder	können
havia (Impf.)	er,sie,es hatte	seu f.	hier: Schauplatz
obtingut/-da	erhalten	enfrontament m.	Zusammenstoß
vot m.	(Wahl-)Stimme	part f.	Teil
per	hier: gegen	població f.	Bevölkerung
com a	als	tot	ganz,Pl.: alle
organitzadora f.	Ausrichterin	meu/meva	mein(e)
onzè/onzena	elfte(r)	esforç m.	Anstrengung
es celebraria	man würde feiern	dedicar-se	sich widmen
any m.	Jahr	facilitar	erleichtern
aquest/aquesta	diese(r)	sortida f.	Abfahrt,-zug
decisió f.	Entscheidung	frontera f.	Grenze
catalogat/-da	hier: beurteilt	francès/francesa	französisch
molt/molta	viel, Adv. sehr	seus/seves	Pl. hier: ihre
observador m.	Beobachter	acompanyant m.	Begleiter
maniobra f.	Manöver	allotjar	beherbergen
realitzat/-da	verwirklicht	principalment	hauptsächlich
reaccionari/-a	reaktionär	tercer/tercera	dritte(r)
contrari/-ària	entgegengesetzt	demostrar	beweisen
reforçament m.	Erstarken	intenció f.	Absicht
abans de	vor,früher	acollir	übernehmen
celebració f.	Feier,Austragung	jugada f.	Zug,Trick
sota	unter	brut/bruta	schmutzig,unfair
nazisme m.	Nationalsozialis-mus	promotor m.	Befürworter
		fossin (Konj.)	waren
imperant	herrschend	present	anwesend
polonès/-nesa	polnisch,Pole	haver de + Inf.	müssen
a peu	zu Fuß	tràmit m.	Formalität
Varsòvia	Warschau	desembre m.	Dezember
lliurar	hier: überreichen	decidir	entscheiden
en què	in dem	esmentar	erwähnen
es demanava	man forderte	ha estat	es ist gewesen

llarg/llarga	lang	vers	zu,hin
cursa f.	Wettlauf	nominació f.	Ernennung
poble m.	Volk,Dorf	escull m.	Klippe,Hindernis

2.3. Grammatik

2.3.1. Das Adjektiv

Das Adjektiv stimmt in Genus und Numerus (Sg. oder Pl.) mit dem Substantiv überein, auf das es sich bezieht. Im Kat. lassen sich unterscheiden:
a) "Zweiendungsadj." (mit zwei verschiedenen Formen für Mask. und Fem.)
b) "Einendungsadj." (mit einer gemeinsamen Form) (4).

a) Die fem. Form der Zweiendungsadj. wird gewöhnlich durch Anfügen von -a an die mask. Form gebildet (bzw. auslautendes -o wird zu -a). Die Akzentstelle ändert sich nicht; ggf. ist ein graphischer Akzent notwendig.
Bsp.:

baix	—>	baixa	"niedrig"
flonjo	—>	flonja	"weich"
fort	—>	forta	"stark"
literari	—>	literària	"literarisch"

Im Mask. stumme Endkonsonanten werden nach Anfügen von -a hörbar.
Bsp.:

molt ['moɫ]	—>	molta ['moɫtə]	
clar ['kla]	—>	clara ['klarə]	

Bei mask. Adj., die auf betonten Vokal enden, wird zur Bildung des Fem. -na angefügt, z.B.:

serè	—>	serena	"heiter"
ple	—>	plena	"voll"
català	—>	catalana	"katalanisch, Katalane/-lanin"

Ausnahmen:
nu/nua "nackt", cru/crua "roh". Die mask. Form bo "gut" lautet vor Substantiven bon, im Fem. bona.

Bei mask. Adj., die auf -ou, -au oder -iu enden, wird auslautendes -u durch -va ersetzt, z.B.:

	tou	—>	tova	"weich, mollig"
	blau	—>	blava	"blau"
	viu	—>	viva	"lebendig"
Ebenso:	jueu	—>	jueva	"jüdisch"

Ansonsten wird -eu zu -ea, z.B.:

europeu	—>	europea	"europäisch"

Bei denjenigen mask. Adj., die auf Vokal + t, oder + c, oder + s enden, gibt es solche, die die fem. Form regelmäßig (+ -a) bilden, während bei einigen

anderen -s —> -ssa, -c —> -ga, -t —> -da werden; u.a. bei allen Part.Perf. auf -at und -ut (s.o. S. 32).
Bsp.:

	estret	—>	estreta	"eng"
	poc	—>	poca	"wenig"
	francès	—>	francesa	"französisch, Franzose/ -zösin"
aber :	menut	—>	menuda	"klein, winzig"
	groc	—>	groga	"gelb"
	gras	—>	grassa	"dick"
	oblidat	—>	oblidada	"vergessen"
	temut	—>	temuda	"gefürchtet"
	mentit	—>	mentida	"gelogen"

Eine abweichende Femininbildung zeigen außerdem:

roig / boig	—>	roja / boja	"rot / verrückt"
lleig / mig	—>	lletja / mitja	"häßlich / halb"
nul	—>	nul·la	"ungültig, nichtig"

b) Einendungsadjektive sind an folgenden Endungen zu erkennen:

auf Vokal + -ç:	Bsp.:	feliç, capaç
auf -al, -el, -il:	Bsp.:	federal, fidel, fàcil, civil
	Wichtige Ausnahmen:	mal/-a, tranquil/tranqil·la
auf -ar, -or, -erior:	Bsp.:	balear, popular, vulgar, millor, pitjor, major, menor, interior
	Wichtige Ausnahmen:	car/-a, clar/-a, rar/-a
auf -ant, -ent:	Bsp.:	elegant, prudent
	Wichtige Ausnahmen:	content/-a, sant/-a, lent/-a, atent/-a,
auf -a und -e:	Bsp.:	feble, possible, jove, indígena,
	Wichtige Ausnahmen:	pobre/-a, tendre/-a, negre/-a, ample/-a, esquerre/-a

Einendig sind ferner die (häufigen) Adjektive: gran "groß", breu "kurz", greu "schwer", lleu "leicht", suau "sanft".

Für die Pluralbildung der Adj. gilt das schon zur Pluralbildung der Substantive Gesagte entsprechend (s.o. S. 29). Lediglich die Einendungsadj. auf Vokal + -ç bilden für Mask. und Fem. zwei unterschiedliche Pluralformen.
Bsp.:

Sg.mask./fem. : feliç / Pl.mask. : feliços / Pl.fem. : felices

Adjektive können auch substantivisch gebraucht werden, z.B.:

els grans de la història "die Großen der Geschichte"

Steht ein Adj. direkt beim Substantiv, so steht es gewöhnlich hinter diesem. Nur in den Fällen, in denen eine Bedeutungsveränderung des Adj. vorliegt, kann es vorgestellt werden, z.B.:

	una torre vella	"ein alter Turm"
	un home alt	"ein großer Mann (z.B. 1,90 m)"
	una família pobra	"eine arme Familie (ohne Geld)"
aber:	un gran artista	"ein großer, bedeutender Künstler"
	una pobra dona	"eine arme, bedauernswerte Frau"

2.3.2. Das Verb (II)

2.3.2.1. Indikativ Imperfekt

Alle Verben der I. Konjg. bilden das Impf., indem an den Verbstamm, d.h. nach Abtrennung der Infinitivendung -ar, die Endungen -ava, -aves, -ava, -àvem (!), -àveu (!), -aven angefügt werden.
Bsp.:

parl-ava	"ich sprach"
parl-aves	etc.
parl-ava	
parl-àvem	
parl-àveu	
parl-aven	

Die Verben der II. und III. Konjg. bilden das Imperfekt mit folgenden Endungen: -ia, -ies, -ia, -íem (!), -íeu (!), -ien.
Bsp.:

perd-ia	"ich verlor"	serv-ia	"ich diente"
perd-ies	etc.	serv-ies	etc.
perd-ia		serv-ia	
perd-íem		serv-íem	
perd-íeu		serv-íeu	
perd-ien		serv-ien	

Beachte: Im Ind.Impf. sind die 1. und 3.Ps.Sg. formal identisch !

2.3.2.2. Konjunktiv Imperfekt

Zur Bildung des Konj.Impf. der I. und II. Konjg. werden an den Verbstamm folgende Endungen angefügt (5): -és, -essis, -és, -éssim, -éssiu, -essin.
Die Endungen der III. Konjg. sind: -ís, -issis, -ís, -íssim, -íssiu, -issin.
Bsp.:

parl-és	perd-és	serv-ís
parl-essis	perd-essis	serv-issis
parl-és	perd-és	serv-ís
parl-éssim	perd-éssim	serv-íssim
parl-éssiu	perd-éssiu	serv-íssiu
parl-essin	perd-essin	serv-issin

2.3.2.3. Futur und Konditional

Die Futur- bzw. Konditionalformen werden gebildet, indem an den Infinitiv der Verben aller Konjugationen folgende Endungen angefügt werden (wie im Span.); allerdings fällt bei den Verben auf -re das -e weg.

Futur: -é, -às, -à, -em, -eu, -an.
Konditional: -ia, -ies, -ia, -íem, -íeu, -ien.

Bsp.:

I. Konjg.:	Futur:	jugaré, jugaràs	"ich werde spielen" etc.
	Konditional:	jugaria, jugaries	"ich würde spielen" etc.
Einzige Ausnahme:		anar	
	Futur:	aniré, aniràs etc. (oder: iré, iràs etc.)	
	Konditional:	aniria, aniries etc.	
II. Konjg.:	Futur:	vendré, vendràs	"ich werde verkaufen" etc.
	Konditional:	vendria, vendries	"ich würde verkaufen" etc.

Unregelmäßige Verben der II. Konjg. s.u. S. 75 ff. !

III. Konjg.:	Futur:	dormiré, dormiràs	"ich werde schlafen" etc.
	Konditional:	dormiria, dormiries	"ich würde schlafen" etc.
Ausnahmen sind:		venir, tenir	
	Futur:	vindré / tindré etc.	
	Konditional:	vindria / tindria etc.	

2.3.3. Die Demonstrativpronomen

	Sg. mask.	Sg. fem.	Pl. mask.	Pl. fem.
"diese(r)"	aquest	aquesta	aquests	aquestes
"jene(r)"	aquell	aquella	aquells	aquelles

Als weitere Dem.Pron. sind això "dies, das" und allò "jenes" zu nennen. Sie sind beide unveränderlich.
Das s in aquest wird nicht gesprochen, wenn ein Wort folgt, das mit Konsonant anlautet. In aquests wird das erste s nie gesprochen !
Bsp.:

aquest cotxe	[ə'kɛt'kotʃə]	"dieses Auto (hier)"
aquestes cartes		"diese Briefe (hier)"
aquella casa		"jenes Haus (dort drüben)"
aquells arbres		"jene Bäume (dort drüben)"
Veus això ?		"Siehst Du das ?"

Erwähnt seien noch die in der Umgangssprache selten gebrauchten Formen aqueix/-os, aqueixa/-es "dieser dort" etc. sowie açò "dieses hier".

2.3.4. Die unbetonten Personalpronomen (Objektpronomen) (I)

Diese stehen, wie im Frz. oder Span., gewöhnlich vor der konjugierten Verbform. Beim bejahten Imperativ (s.u. S. 56), Infinitiv und Gerundium (s.u. S. 66) stehen sie jedoch dahinter (s.u. S. 51 ff.). Die Wahl der richtigen Pron.Form hängt also 1. davon ab, ob das Pron. vor oder hinter der Verbform steht, und 2., ob diese Verbform mit Vokal (bzw. h-) oder mit Konsonant anlautet, bzw. auf Vokal oder Konsonant (bzw. -u) auslautet. Stehen die Obj.Pron. vor der konjugierten Verbform, so lauten die Formen:

	vor Konsonant:	vor Vokal (h-):
"mir,mich"	em	m'
"dir,dich"	et	t'
"sich"	es	s'
"uns"	ens	ens
"euch"	us	us

Bei der 3.Ps. ist noch zwischen Mask. und Fem. sowie Akk. und Dat. zu unterscheiden. Die Pron. der 3.Ps. werden auch für die Höflichkeitsformen vostè und vostès verwandt.

		vor Konsonant:	vor Vokal (h-):
Akk.:	"ihn"	el	l'
	"sie" (m.Pl.)	els	els
	"sie" (f.Sg.)	la	l'
	"sie" (f.Pl.)	les	les
Dativ:	"ihm,ihr"	li	li
	"ihnen" (m./f.)	els	els

Beachte: els ist Akk.Pl. des Mask. sowie Dat.Pl. des Mask. u n d Fem. !

Bsp.:	Erläuterungen:	
Em veu.	vor Kons.: em	"Er sieht mich."
Em deixa la moto.	vor Kons.: em	"Er leiht mir das Motorrad."
T'acompanya.	vor Vokal: t'	"Sie begleitet dich."
No et dono deu pessetas.	vor Kons.: et	"Ich gebe dir keine zehn Peseten."
Es renta.	vor Kons., reflexiv: es	"Er wäscht sich."
Això ens agrada.	(vor Vokal): ens	"Das gefällt uns."
Us saluda.	(vor Kons.): us	"Er grüßt euch."
M'ha portat un llibre.	vor h-: m'	"Sie hat mir ein Buch gebracht."
El veig.	vor Kons., m.Sg.: el	"Ich sehe ihn/Sie (m.Sg.)."
El pescador ha pescat uns peixos i els ven.	vor Kons., m.Pl. (els peixos): els	"Der Fischer hat einige Fische gefangen und verkauft sie."
La besa.	vor Kons., f.Sg.: la	"Er küßt sie/Sie (f.Sg.)."

El nét compra unes flors i les dóna a l'àvia.	vor Kons., f.Pl. (les flors): les	"Das Enkelkind kauft Blumen und gibt sie der Großmutter."
Li deixem diners.	vor Kons., m. und/ oder f.Sg., Dativ: li	"Wir leihen ihm/ihr/Ihnen (Sg.) Geld."
La música els ha agradat.	vor h-, m. oder/und f. Pl., Dativ: els	"Die Musik hat ihnen/Ihnen (Pl.) gefallen."

Beim Pretèrit Perfet Perifràstic (s.o. S. 32) stehen die unbetonten Pronomen entweder vor der konjugierten Form von anar oder (häufiger) hinter dem Infinitiv (s.u. S. 62).

2.3.5. Reflexive Verben

Im Katalanischen werden reflexive (rückbezügliche) Verben sehr häufig gebraucht:

1) wenn sich die durch das Verb ausgedrückte Handlung tatsächlich auf das Subjekt des Satzes 'rückbezieht', d.h. das Subjekt betrifft.
   Bsp.:

Em rento.	"Ich wasche mich."
T'aixeques.	"Du erhebst dich (Du stehst auf)."
Es fa tallar els cabells.	"Er läßt sich die Haare schneiden."

2) um ein unpersönliches "man" auszudrücken; ist eine Sache Subjekt eines refl. Verbs, so ist auch oft eine passivische Übersetzung mit "werden" möglich.
   Bsp.:

Es diu que...	"Man sagt, daß..."
Aquesta nit es veuen bé els estels.	"Heute abend sieht man die Sterne gut."
La casa es ven.	"Das Haus wird verkauft."

3) nicht selten bleibt das Refl.Pron. im Dtsch. unübersetzt:
   Bsp.:

Aquest gos s'assembla a un llop.	"Dieser Hund ähnelt einem Wolf."
Van casar-se ahir.	"Sie haben gestern geheiratet."

2.4. Anmerkungen

1) Mit einem Aufstand span. Generäle, u.a. Francisco Franco, sowie in Spanisch-Marokko stationierter Truppen begann am 17./18.7.1936 der Spanische Bürgerkrieg, der bis zum 1.4.1939 andauerte.

2) Es handelt sich hierbei um Gebäude der Weltausstellung von 1929.

3) "Avui" ist eine rein katalanischsprachige Tageszeitung, die seit 1976 in Barcelona erscheint. Eine zweite katalanischsprachige Tageszeitung, "Punt Diari", erscheint seit 1979 in Girona.

4) Die Unterscheidung in Ein- und Zweiendungsadjektive liegt schon im Lateinischen begründet. Kat. Zweiendungsadj. gehen in aller Regel auf lat. Adj. zurück, die für Mask. und Fem. ebenfalls unterschiedliche Endungen hatten, meist auf -US/U(M) (mask.) bzw. -A/A(M) (fem.):

kat.	ple	<	lat.	PLENU(M)
kat.	plena	<	lat.	PLENA(M)

Kat. Einendungsadj. gehen auf lat. Adj. zurück, die für Mask. und Fem. auch nur eine Endung hatten, z.B. solche auf -IS/-E(M), -ARIS/-ARE(M), -ENS / -ENTE(M), -ANS/-ANTE(M) :

kat.	difícil	<	lat.	DIFFICILE(M)
kat.	vulgar	<	lat.	VULGARE(M)
kat.	gran	<	lat.	GRANDE(M)
kat.	constant	<	lat.	CONSTANTE(M)

So ist kat. content/-a < lat. CONTENTU(M)/-A(M) keine Ausnahme, sondern lat. Regel. Eine Ausnahme ist dagegen fort/-a, das, da < lat. FORTE(M), im Kat. eigentlich einendig sein müßte.

5) Der Konj.Impf. des Kat. (und auch der anderer romanischer Sprachen) hat sich formal aus dem Konj.Plusquamperfekt des Lateins entwickelt. Besonderes Kennzeichen ist -ss-, z.B. CANTARE: Konj.Plusquamperfekt: CANTAVISSEM (1.Ps.Sg.). Schon im Latein waren kontrahierte Formen wie CANTASSEM üblich. Daraus entwickelte sich kat. cantés < lat. CANTASSE(M), cantessis < lat. CANTASSES.

2.5. Übungen

1) Übersetzen Sie den Text auf S. 37.

2) Bilden Sie die fem. Form sowie den Plural folgender Adjektive:
madur ("reif"), amarg, cansat, fondo ("tief"), llarg, necessari ("notwendig"), mateix, tendre ("zärtlich"), ràpid ("schnell"), rodó ("rund"), blau, roig, fort.

3) Konjugieren Sie die folgenden Verben im Ind. und Konj.Impf.:
treballar, escoltar ("zuhören"), permetre ("erlauben"), descendir.

4) Konjugieren Sie die folgenden reflexiven Verben im Ind.Praes.:
rentar-se, constipar-se ("sich erkälten"), quedar-se ("bleiben").

5) Versehen Sie die folgenden Substantive mit allen Dem.Pron.:
el llit ("Bett"), el mirall ("Spiegel"), la flor, la muntanya.

6) Übersetzen Sie:
Dieses große Haus gefällt ihm. Jenes Kleid (vestit m.) gefällt ihr. Gibst du ihnen Geld ? Ich würde ihnen kein Geld leihen. Die Lehrerin (mestra f.) ist krank. Wir werden sie besuchen und ihr viele Blumen schenken (regalar). Ich sah diese Männer schon gestern am Bahnhof (estació f.). Findet ihr sie nicht auch seltsam (estrany) ? Joan hat sich gestern nicht gewaschen. Daher kauften wir ihm Seife (sabó m.). Dieser Junge (dort) ist der Sohn des Bürgermeisters (alcalde m.).

3. Lektion

3.1. Text: *El Noucentisme*

El Noucentisme és l'etapa de la història cultural catalana (...) entre 1906 i 1923. L'any 1906 és l'any en què Eugeni d'Ors, principal teòric del moviment, inicia la publicació del seu "Glossari" a "La Veu de Catalunya", el diari de la burgesia nacionalista. Aquest mateix any, Josep Carner havia publicat "Els fruits saborosos" i Miquel Costa i Llobera les 'Horacianes'. També el 1906, gràcies als esforços de Mossèn Antoni M.ª Alcover es celebrava el Primer Congrés de la Llengua Catalana. El projecte noucentista fou un veritable moviment cultural empès per una estratègia política eficaç: la política cultural de la Mancomunitat de Catalunya (1). Es crearen escoles primàries, es fomentà l'ensenyament professional i tècnic, es crearen escoles de mestres, biblioteques públiques i museus. El 1906 es va fundar l'Institut d'Estudis Catalans, el 1914 la Biblioteca de Catalunya i l'Escola de Bibliotecàries (...).

[Eugeni d'Ors]

L'estètica noucentista parteix del treball: l'artista no neix, sinó que es construeix. L'obra literària és un fet cultural. La poesia tendeix a la síntesi classicitzant, atreta per la temàtica d'inspiració popular i per una interpretació idíl·lica de la natura. Rebutjaren el Romanticisme i el Modernisme, exaltaren l'ordre, el seny, la neutralització i el bon gust.

(aus: Gabriel Janer Manila: *Paraula: Introducció a la història de la literatura catalana*, Palma de Mallorca 1984, S. 282)

3.2. Vokabeln

etapa f.	Etappe,Epoche	veritable	wirklich,echt
cultural	kulturell,Kultur-	empès/empesa	hier: gefördert
principal	hier: führender	estratègia f.	Strategie
teòric m.	Theoretiker	polític/-a	politisch, f. Politik
moviment m.	Bewegung	eficaç	wirksam
iniciar	beginnen	crear	gründen,schaffen
publicació f.	Veröffentlichung	escola primària	Grundschule
veu f.	Stimme	fomentar	fördern
burgesia f.	Bürgertum	ensenyament m.	Unterricht(-swesen), Ausbildung
nacionalista	nationalistisch		
publicar	veröffentlichen	professional	beruflich,Berufs-
saborós/-a	köstlich	mestre m.	Lehrer
gràcies a	dank	museu m.	Museum
llengua f.	Sprache	fundar	gründen
projecte m.	Projekt	estudi m.	Studie,Studium
fou (Pret.Perf.)	war	bibliotecària f.	Bibliothekarin

estètica f.	Ästhetik	inspiració f.	Eingebung
partir (de)	hier: ausgehen (von)	idíl·lic/-a	idyllisch
		rebutjar	ablehnen
treball m.	Arbeit,Werk	Romanticisme m.	(Kultur- u. Literatur-
néixer	geboren werden	Modernisme m.	epochen)
sinó	sondern	exaltar	erhöhen
construir(-se)	hier: (sich) formen	ordre m.	Ordnung,Form
obra f.	Werk	seny m.	Vernunft
tendir (a)	tendieren (zu)	neutralització f.	Ausgeglichenheit
síntesi f.	Synthese	gust m.	Geschmack,Vergnügen
classicitzant	klassizistisch		
atret/-a	angelockt		

3.3. Grammatik

3.3.1. Das Verb (III)

3.3.1.1. Pretèrit Perfet (Einfaches Perfekt)

Dieses Vergangenheitstempus entspricht in Funktion und Häufigkeit dem frz. "passé simple" oder dem ital. "passato remoto", d.h. das Pretèrit Perfet kommt (fast) nur schriftsprachlich vor. Zum Verständnis literarischer oder sonstiger schriftsprachlicher Texte ist die Kenntnis dieses Tempus unerläßlich. Die Endungen bzw. Formen lauten:
Bsp.:

Konjugation:	I	II	III
	parl-<u>í</u>	tem-<u>í</u>	serv-<u>í</u>
	parl-<u>ares</u>	tem-<u>eres</u>	serv-<u>ires</u>
	parl-<u>à</u>	tem-<u>é</u>	serv-<u>í</u>
	parl-<u>àrem</u>	tem-<u>érem</u>	serv-<u>írem</u>
	parl-<u>àreu</u>	tem-<u>éreu</u>	serv-<u>íreu</u>
	parl-<u>aren</u>	tem-<u>eren</u>	serv-<u>iren</u>

3.3.1.2. Zusammengesetzte Zeiten

Diese Zeiten sind: *Pretèrit indefinit*, *Pretèrit Plusquamperfet*, *Futur II*, *Konditional II* und das *Pretèrit Perfet Perifràstic.* Mit Ausnahme der letztgenannten werden alle übrigen Zeiten, und zwar bei <u>allen</u> Verben, auch bei reflexiven Verben (!), mit einer Form von <u>haver</u> + <u>Part.Perf.</u> (s.o. S. 32) gebildet.
Die Formen von <u>haver</u> lauten (2):

Ind.Praes.:			Konj.Praes.:
	he	(selten: haig)	hagi
	has		hagis
	ha		hagi
	hem	(oder: havem)	hàgim
	heu	(oder: haveu)	hàgiu
	han		hagin

Ind.Impf.:	havia havies havia havíem havíeu havien	Konj.Impf.:	hagués haguessis hagués haguéssim haguéssiu haguessin
Futur:	hauré hauràs etc.	Konditional:	hauria hauries etc.
Perfekt:	haguí hagueres hagué haguérem haguéreu hagueren	Part.Perf.:	hagut / -uda

Beispiele für zusammengesetzte Zeiten:

Pretèrit indefinit:		Konj.Pret.indef.:
He comprat.	"Ich habe gekauft."	Hagi comprat.
Has arribat.	"Du bist (!) angekommen."	Hagis arribat.
Heu entès.	"Ihr habt verstanden."	etc.
Han anat.	"Sie sind (!) gegangen."	
T'has rentat ?	"Hast du dich gewaschen ?"	
S'ha afaitat.	"Er hat sich rasiert."	
Han corregut.	"Sie sind (!) gelaufen."	

Plusquamperfekt:		Konj.Plusquamperfekt:
Havia cantat.	"Ich/er/sie hatte gesungen."	Hagués cantat.
Havíeu vist.	"Ihr hattet gesehen."	Haguéssiu vist.

Oder mit dem Pretèrit Perfet Perifràstic von haver + Part.Perf.:

Va haver sentit.	"Er/sie hatte gehört."	Vagi haver sentit.
Vam haver pagat.	"Wir hatten bezahlt."	Vàgim haver pagat.
Vau haver fumat.	"Ihr hattet geraucht."	Vàgiu haver fumat.

Futur II:

Hauré estat.	"Ich werde gewesen sein (!)."
Hauràs fet.	"Du wirst gemacht haben."
Hauran perdut.	"Sie werden verloren haben."
S'haurà quedat.	"Er/sie wird geblieben sein (!)."

Konditional II:

Hauries buscat.	"Du hättest gesucht."
Hauria vingut.	"Ich/er/sie wäre gekommen."
Hauríem dormit.	"Wir hätten geschlafen."
Hauríeu tornat.	"Ihr wäret zurückgekehrt."
S'haurien constipat.	"Sie hätten sich erkältet."

3.3.1.3. Einige unregelmäßige Verben

a) <u>tenir</u> "haben, halten, besitzen"

Praes.Ind.:	tinc, tens, té, tenim, teniu, tenen.
Praes.Konj.:	tingui (!), tinguis, tingui, tin<u>guem</u>, tin<u>gueu</u>, tinguin.
Impf.Ind.:	tenia, tenies etc.
Impf.Konj.:	tingués, tinguessis etc.
Fut./Kond.:	tindré, tindràs etc. / tindria, tindries etc.
Perf.:	tinguí (!), tingueres, tingué, tinguérem, tinguéreu, tingueren.
Part.Perf.:	tingut / -uda.

b) <u>venir</u> "kommen"

Praes.Ind.:	vinc, véns, ve, venim, veniu, vénen.
Praes.Konj.:	vingui, vinguis etc. (wie <u>tenir</u>)
Impf.Ind.:	venia, venies etc.
Impf.Konj.:	vingués, vinguessis etc.
Fut./Kond.:	vindré, vindràs etc. / vindria, vindries etc.
Perf.:	vinguí, vingueres, vingué etc. (wie <u>tenir</u>)
Part.Perf.:	vingut / -uda.

c) <u>fer</u> "machen, tun, veranlassen"

Praes.Ind.:	faig, fas, fa, fem, feu, fan.
Praes.Konj.:	faci, facis, faci, fem, feu, facin.
Impf.Ind.:	feia, feies, feia, fèiem, fèieu, feien.
Impf.Konj.:	fes, fessis, fes, fèssim, fèssiu, fessin.
Fut./Kond.:	faré, faràs etc. / faria, faries etc.
Perf.:	fiu, feres, féu, férem, féreu, feren.
Part.Perf.:	fet / feta.

<u>fer</u> + <u>Infinitiv</u> (a algú) bedeutet: "jdn. veranlassen (dazu bringen), etwas zu tun; etwas tun/machen lassen"; vgl. frz. "faire faire qc. à qn"; engl. "to make s.o. do s.th."

d) <u>dir</u> "sagen"

Praes.Ind.:	dic, dius, diu, diem, dieu, diuen.
Praes.Konj.:	digui, diguis etc.
Impf.Ind.:	deia, deies, deia, dèiem, dèieu, deien.
Impf.Konj.:	digués, diguessis etc.
Fut./Kond.:	diré, diràs etc. / diria, diries etc.
Perf.:	diguí, digueres, digué etc.
Part.Perf.:	dit / dita.

e) <u>ésser</u> "sein" (s.o. S. 33)

Praes.Konj.:	sigui, siguis, sigui, siguem, sigueu, siguin.
Impf.Ind.:	era, eres, era, érem, éreu, eren.
Impf.Konj.:	fos, fossis, fos, fóssim, fóssiu, fossin.
Fut./Kond.:	seré, seràs etc. / seria, series etc.
Perf.:	fui, fores, fou, fórem, fóreu, foren.
Part.Perf.:	estat / -ada (auch: sigut / -uda).

f) voler "wollen"

Praes.Ind.:	vull, vols, vol, volem, voleu, volen.
Praes.Konj.:	vulgui, vulguis etc.
Impf.Ind.:	volia, volies etc.
Impf.Konj.:	volgués, volguessis etc.
Fut./Kond.:	voldré, voldràs etc. / voldria, voldries etc.
Perf.:	volguí, volgueres etc.
Part.Perf.:	volgut / -uda.

3.3.2. Die Possessivpronomen

	Sg.		Pl.	
	mask.	fem.	mask.	fem.
"mein"	meu	meva	meus	meves
"dein"	teu	teva	teus	teves
"sein/ihr/Ihr"	seu	seva	seus	seves
"unser"	nostre	nostra	nostres	
"euer"	vostre	vostra	vostres	
"ihr/Ihr"	seu	seva (llur)	seus	seves (llurs)

Die Poss.Pron. werden grundsätzlich mit dem Artikel gebraucht (3).
Bsp.:

la meva taronja	"meine Apfelsine"
els teus cigarrets	"deine Zigaretten"
la seva clau	"sein/ihr/Ihr Schlüssel"
el nostre viatge	"unsere Reise"
els vostres pares	"eure Eltern"
un amic meu	"ein Freund von mir, einer meiner Freunde"
uns llibres teus	"einige deiner Bücher"

Die eher literarischen Formen llur, llurs stehen dagegen ohne Artikel. Ihr Gebrauch wäre nur bei mehreren Besitzern denkbar (vgl. frz. "leur, leurs"), aber in der Umgangssprache werden hier die Formen seu, seva etc. gebraucht.
Bsp.:

	els pares i llurs fills	"die Eltern und ihre Kinder"
eher:	els pares i els seus fills	

Ein Besitzverhältnis kann auch folgendermaßen ausgedrückt werden, z.B.:

La bicicleta és teva.	"Das Fahrrad gehört dir."
Les sabates són seves.	"Die Schuhe gehören ihm/ihr."

Nach Präpositionen, deren zweiter Bestandteil de ist, z.B. darrera de "hinter", davant de "vor", wird anstelle der betonten Pers.Pron. (s.o. S. 34) oft das Poss. Pron. verwandt, wobei de wegfällt !
Bsp.:

(darrera d'ell)	—>	darrera seu	"hinter ihm/ihr"
(davant de nosaltres)	—>	davant nostre	"vor uns"

Für die 1., 2. und 3.Ps.Sg. findet man zuweilen noch die Formen mon/mos, ma/mes; ton/tos, ta/tes; son/sos, sa/ses, die ohne Artikel verwandt werden. Sie treten dann meist in Verbindung mit einer Verwandtschaftsbezeichnung auf, sowie in einigen feststehenden Wendungen.
Bsp.:

mon germà, ta mare	"mein Bruder, deine Mutter"
en ma vida	"in meinem Leben"

3.3.3. Die unbetonten Personalpronomen (Objektpronomen) (II)

Die unbetonten Obj.Pron. stehen hinter den Formen des bejahten (!) Imperativs (s.u. S. 56), des Infinitivs und des Gerundiums (s.u. S. 66). Bei der Konstruktion Hilfsverb + Infinitiv können die Pronomen aber auch vor der konjugierten Form des Hilfsverbs stehen (s.u. S. 62).
Die Wahl der richtigen Pron.Form hängt hier davon ab, ob die vorangehende Verbform auf Vokal oder auf Konsonant (bzw. -u) endet.

	nach Konsonant (bzw. -u):	nach Vokal:
"mir, mich"	-me	'm
"dir, dich"	-te	't
"sich"	-se	's
"uns"	-nos	'ns
"euch"	-vos	-us (!)

Die nachgestellten Pron. der 3.Ps. lauten:

		nach Konsonant (bzw. -u):	nach Vokal:
Akk. :	"ihn"	-lo	'l
	"sie" (m.Pl.)	-los	'ls
	"sie" (f.Sg.)	-la	-la
	"sie" (f.Pl.)	-les	-les
Dativ:	"ihm/ihr"	-li	-li
	"ihnen" (m./f.)	-los	'ls

Bsp. für die Nachstellung der Pronomen:

Dóna'm el llapis !	nach Imp., nach Vokal: 'm	"Gib mir den Bleistift!"
Volien pegar-te.	nach Inf., nach Kons.: -te	"Sie wollten dich schlagen."
Està pentinant-se.	nach Gerund., nach Kons.: -se	"Sie kämmt sich gerade."
Doneu-nos les fotos !	nach Imp., nach -u: -nos	"Gebt uns die Photos !"
Mostra'ns l'entrada !	nach Imp., nach Vokal: 'ns	"Zeig uns den Eingang !"
Divertiu-vos !	nach Imp., nach -u: -vos	"Amüsiert euch !"
Desperta'l !	nach Imp., nach Vokal: 'l	"Weck ihn auf !"

Vol llegir-lo. (l'article)	nach Inf., nach Kons., m.Sg.: -lo	"Er will ihn lesen." (den Artikel)
Volem vendre'ls. (els discs)	nach Inf., nach Vokal, m.Pl.: 'ls	"Wir wollen sie verkaufen."
Has de pagar-los. (els deutes)	nach Inf., nach Kons., m.Pl.: -los	"Du mußt sie bezahlen." (die Schulden)
Estem repetint-la. (la lliçó)	nach Gerund., nach Kons., f.Sg.: -la	"Wir wiederholen sie gerade." (die Lektion)
Busca-les ! (les claus)	nach Imp., nach Vokal, f.Pl.: -les	"Suche sie !" (die Schlüssel)
No puc dir-li la veritat.	nach Inf., nach Kons., Dativ Sg.: -li	"Ich kann ihm/ihr/Ihnen (Sg.) nicht die Wahrheit sagen."
Vam escriure-li una carta.	nach Inf., nach Vokal, Dativ Sg.: -li	"Wir haben ihm/ihr/Ihnen (Sg.) einen Brief geschrieben."
Explica'ls la situació !	nach Imp., nach Vokal, Dativ Pl.: 'ls	"Erkläre ihnen die Situation !"

3.3.4. Die Pronomen *ho, hi, en*

Bei hi und en handelt es sich strenggenommen um Pronominaladverbien, die aber pronominale Funktionen erfüllen und sich wie Pronomen verhalten, d.h. sie können ebenfalls vor- bzw. nachgestellt werden (4).

1) ho (unveränderlich)
2) hi (unveränderlich)
3) en : vor Verb: vor Konsonant: en — vor Vokal (bzw. h-): n'
nach Verb: nach Konsonant (bzw. -u): -ne — nach Vokal: 'n

1) ho "es" kann
a) ganze Sätze
b) això, allò
oder c) ein Adjektiv (nach Verben wie ésser, estar, semblar) ersetzen.

Bsp.:

Dius que els pagesos eren pobres. Jo ho crec també.	"Du sagst, daß die Bauern arm waren. Ich glaube es auch."
Veieu això ? Sí, ho veiem.	"Seht ihr das ? Ja, wir sehen es."
Sembla ric, però no ho és.	"Er sieht reich aus, aber er ist es nicht."
No volia fer-ho.	"Er wollte es nicht tun."

2) hi "dort(hin), mit" (vgl. frz. "y") kann
a) Richtungsangaben (vgl. frz. "Tu vas à Paris ? Oui, j'y vais.")
b) Umstandsbestimmungen mit a, en, amb etc. (außer de !)
c) von a abhängige Infinitivkonstruktionen ersetzen;
d) als Ersatz des Pron. li (s.u. S. 62) und
e) in einigen idiomatischen Wendungen, z.B. hi ha (haver-hi) (vgl. frz. "il y a"), veure-hi "sehen können", sentir-hi "hören können".

Bsp.:

Aneu a Tossa ? Sí, jo hi vaig, però en Jordi no vol anar-hi.	"Fahrt ihr nach Tossa ? Ja, (ich fahre hin), aber Jordi will nicht hinfahren."
Vas amb bicicleta ? Sí, hi vaig.	"Fährst du mit dem Fahrrad ? Ja, (ich fahre damit)."
Va pensar a tornar els llibres ?	"Hat er daran gedacht, die Bücher zurückzugeben ?"
No, no va pensar-hi.	"Nein, er hat nicht daran gedacht."
No hi veu, perquè és cec.	"Er kann nicht sehen, weil er blind ist."
Dins al jardí hi ha flors.	"Im Garten sind (gibt es) Blumen."

3) en "daher, davon" (vgl. frz. "en") kann

a) die Herkunft von/aus einem Ort bezeichnen,

b) Umstandsbestimmungen mit de sowie von de abhängige Infinitivkonstruktionen ersetzen,

c) oft als Ersatz einer (unbestimmten) Mengenangabe dienen und

d) findet sich in idiomatischen Wendungen wie anar-se'n "weggehen" (vgl. frz. "s'en aller"), tornar-se'n "zurückkehren".

Bsp.:

Veniu de Girona ?	"Kommt ihr aus Girona ?"
Sí, en venim.	"Ja, wir kommen von da."
Heu parlat d'aquest problema ?	"Habt ihr über dieses Problem gesprochen ?"
Sí, n'hem parlat.	"Ja, wir haben darüber gesprochen."
No es recorda d'haver dit això ?	"Erinnert er sich nicht, das gesagt zu haben ?"
No, no se'n recorda.	"Nein, er erinnert sich nicht daran."
Tenim pa a casa ?	"Haben wir Brot (unbest. Menge) im Haus ?"
No, no en tenim.	"Nein, wir haben keins (davon)."
Vas comprar molts llibres ?	"Hast du viele Bücher (Mengenangabe) gekauft ?"
No, vaig comprar-ne només dos.	"Nein, ich kaufte nur zwei (davon)."
Van anar-se'n.	"Sie gingen weg."
oder: Se'n van anar.	

3.4. Anmerkungen

1) Durch einen Erlaß vom 18.9.1913 war es span. Provinzen erlaubt, sich zu administrativen Zwecken zusammenzuschließen. Aber lediglich die vier kat. Provinzen Barcelona, Girona, Lleida und Tarragona vereinigten sich am 6.4.1914 zur "Mancomunitat de Catalunya". Die Mancomunitat entwickelte sich zu einer Art Regionalregierung, die, ungeachtet ihrer eigentlich nur verwaltungstechnischen Aufgaben, sprachpolitische und andere kulturelle Aktivitäten organisierte und sehr förderte, z.B. die Gründung vieler Schulen, Institute, Bibliotheken sowie die Ausarbeitung eines kat. Autonomiestatuts. Aber der Diktator Primo de Rivera ließ die Mancomunitat am 20.3.1925 wieder auflösen.

2) haver < lat. HABERE "haben, halten" ist in erster Linie Hilfsverb. Eine Übersetzung mit "haben" wäre nur teilweise richtig, denn z.B. He vingut "Ich bin gekommen." Nur sehr selten wird haver (bzw. die Nebenform heure) als Vollverb in der Bedeutung "bekommen, erlangen, erreichen" gebraucht. heure wird im Praesens und Imperativ wie beure (außer 1. und 2.Ps.Pl. Ind. havem/haveu und Konj. haguem/hagueu) konjugiert (s. S. 77).

3) Die Formen 'teu', 'seu' < lat. TUU(M), SUU(M) sind in Analogie zu 'meu' < lat. MEU(M) entstanden. Als Etymon von llur/llurs ist eine Form *ILLURU(M) des lat. Dem.Pron. ILLE anzusetzen; 'vostre' ist in Analogie zu 'nostre' entstanden: < lat. NOSTRU(M), aber VESTRU(M).

4) Die Etyma für ho und en sind lat. HOC "das" und INDE "daher, von da". Als Etymon für hi wird allgemein IBI "da" angenommen; allerdings ist ein Einfluß von HIC "hier" sehr wahrscheinlich.

3.5. Übungen

1) Übersetzen Sie den Text auf S. 46.

2) Konjugieren Sie die folgenden Verben im Pret. indefinit, Futur und Pret. Perfet (Einf. Perf.):
venir, fer, tenir, ésser, pagar, morir, dir, començar.

3) Übersetzen Sie (übungshalber, soweit möglich, auch in zusammengesetzten Zeiten mit haver):
Wir lassen den Arzt kommen. Sie läßt sich eine Bluse (brusa f.) nähen (cosir). Gehört das rote Fahrrad dir ? Nein, mein Fahrrad ist blau. Wo ist unser Hund ? Er steht (= ist) hinter dir und bellt (lladrar). Hast du heute schon gegessen ? Nein, ich habe heute noch nicht gegessen. Habt ihr ihnen gesagt, daß unsere Tante angekommen ist ? Ja, ich habe es gesagt. Wird sie morgen nach Montserrat fahren (= anar) ? Ja, sie wird dorthin fahren. Sie besitzen drei Häuser, aber sie wollten eins (davon) an unsere Eltern verkaufen. Hast (= tenir) du den Schlüssel ? Ich habe ihn meiner Schwester gegeben. Warum (per què) hast du ihn nicht deinem Bruder gegeben ? Ich habe ihm den Schlüssel nicht gegeben, weil er ihn verloren hätte. Zeichnest (dibuixar) du immer mit Bleistift ? Ja, ich zeichne immer damit.

4) Versehen Sie die folgenden Substantive mit allen Poss.Pron.:
els pares, l'oncle, la tassa ("Tasse"), el mitjó ("Socke"), el gos, les ulleres ("Brille").

4. Lektion

4.1. Text: *Un viatge*

M'havien dit que la millor manera d'anar a Lleida era amb els cotxes de la companyia "Alsina Graells". El tren, o sortia massa aviat per la línia de Picamoixons o arribava massa tard per la línia del nord. Vaig decidir-me per l' "Alsina Graells". El cotxe esperava els viatgers a la ronda de la Universitat, davant d'un edifici de maons vermells amb un petit pati lateral i unes palmeres. Vàrem sortir a tres quarts de vuit del matí i anàrem pel carrer de Balmes amunt, fins a la Diagonal; després, Diagonal (1) enllà, vers Pedralbes. Es veia la ciutat darrera nostre quan passàvem per davant de la pista del "Polo". Estava submergida en una fràgil boirina i tenia un color de nacre. La vella senyora que jo tenia al costat va dir : "Es bonic !" Vaig contestar que sí, mentre feia córrer el vidre de la finestra, car passava molt aire.(...) Travessàrem Molins de Rei i el pont sobre el Llobregat, el qual tenia molt poca aigua. Després giràrem cap a Martorell. La carretera és bona en aquest tros, amb un asfalt flonjo i allisat,(...) a l'esquerra la muntanya i a la dreta, cap a baix, el riu.(...) No podia llegir.(...) Vaig aclucar els ulls i vaig posar-me a pensar en el Paco Mayans.

(aus: Joan Perucho: *Les delícies de l'oci: ciutat del Segre, jo et saludo*, Barcelona 1984, S. 46 ff.)

4.2. Vokabeln

viatge m.	Reise	vàrem	= vam
millor	hier: beste(r)	tres quarts de vuit	Viertel vor/drei Viertel acht
manera f.	Art,Weise	matí m.	Morgen
o...o	entweder...oder	carrer m.	Straße
sortir	hier: abfahren	amunt	hinauf
massa	zu,zuviel	després	später,danach
aviat	bald,früh	enllà	hinter,jenseits
arribar	ankommen	es veia (Impf.)	man sah
esperar	warten,hoffen	quan	als,wann,wenn
viatger m.	Reisender	passar (per)	vorbeifahren,-gehen (an),durchfließen
ronda f.	Rundgang	pista f.	Piste,Sportgelände, (Renn-)Bahn
davant de	vor	submergit/-ida	eingetaucht
maó m.	Ziegelstein	fràgil	hier: schwach
vermell/-a	rot	boirina f.	Dunst,Nebel
pati m.	Hof		
lateral	seitlich		
palmera f.	Palme		

nacre m.	Perlmutt	girar	abbiegen
vell/-a	alt	carretera f.	Landstraße
al costat (de)	neben,daneben	allisat/-da	glatt,eben
bonic/-a	hübsch,schön	a l'esquerra (de)	links (von)
contestar	antworten	a la dreta (de)	rechts (von)
mentre	während	baix/-a	unten,niedrig
córrer	(hoch-)laufen	aclucar els ulls	die Augen schließen
vidre m.	Glas,Scheibe	posar-se a + Inf.	beginnen (zu)
car	hier: denn	pensar (en)	denken (an)
travessar	durch-/überqueren	delícia f.	Genuß,Wonne
pont m.	Brücke	oci m.	Müßiggang
el qual	der,welcher		

4.3. Grammatik

4.3.1. Das Verb (IV)

4.3.1.1. Der Imperativ (Befehlsform)

1) bejahter Imperativ:

Bsp.:

I. Konjg.	2.Ps.Sg.	Treballa !	"Arbeite !"
	3.Ps.Sg.	Treballi ! (Vostè)	"Arbeiten Sie !" (Sg.)
	1.Ps.Pl.	Treballem !	"Laßt uns arbeiten !"
	2.Ps.Pl.	Treballeu ! (2)	"Arbeitet !"
	3.Ps.Pl.	Treballin ! (Vostès)	"Arbeiten Sie !" (Pl.)

Die Form der 2.Ps.Sg. wird aus Verbstamm + -a gebildet.

II. Konjg.:	2.Ps.Sg.	Tem !	"Fürchte !"
	etc.	Temi !	etc.
		Temem !	
		Temeu !	
		Temin !	

III. Konjg.:

IIIa		IIIb	
Serveix !	"Diene !"	Dorm !	"Schlafe !"
Serveixi !	etc.	Dormi !	etc.
Servim !		Dormim !	
Serviu !		Dormiu !	
Serveixin !		Dormin !	

Bei der II. und III. Konjugation entspricht die 2.Ps.Sg. des Imperativs der 3.Ps.Sg. Ind.Praes.

2) Der verneinte Imperativ wird mit Formen des Konjunktivs gebildet (s.o. S. 31). Man beachte, daß die 1. und 2.Ps.Pl. der regelmäßigen Verben im Indikativ und Konjunktiv identisch sind.

Bsp.:

I.Konjg.:	No cantis !	"Singe nicht !"
	No canti ! (Vostè)	"Singen Sie nicht !" (Sg.)
	No cantem !	"Singen wir nicht !"
	No canteu !	"Singt nicht !"
	No cantin ! (Vostès)	"Singen Sie nicht !" (Pl.)
II. Konjg.:	No perdis !	"Verliere nicht !"
	No perdi ! (Vostè)	"Verlieren Sie nicht !" (Sg.)
	No perdeu !	"Verliert nicht !"
	etc.	etc.
III. Konjg.:	No serveixis !	"Diene nicht !"
	No serviu !	"Dient nicht !"
	No dormis !	"Schlaf nicht !"
	No dormin ! (Vostès)	"Schlafen Sie nicht !" (Pl.)

3) Bei einigen, sehr häufig gebrauchten Verben haben sich für den bejahten Imperativ unregelmäßige Formen ausgebildet:

anar :	vés !	"Geh !"	aneu !	"Geht !"
dir :	digues !	"Sag !"	digueu !	"Sagt !"
ésser :	sigues !	"Sei !"	sigueu !	"Seid !"
estar :	estigues !	"Sei !"	estigueu !	"Seid !"
fer :	fes !	"Mach !"	feu !	"Macht !"
poder :	pugues !	"Könne !"	pugueu !	"Könnt !"
saber :	sàpigues !	"Wisse !"	sapigueu !	"Wisset !"
tenir :	té/ten/tingues !	"Nimm !"	teniu/tingueu !	"Nehmt !"
venir :	vine !	"Komm !"	veniu !	"Kommt !"
veure :	ves/veges !	"Sieh !"	vegeu/veieu !	"Seht !"
voler :	vulgues !	"Wolle !"	vulgueu !	"Wollt !"

Befehle an die 3.Ps. werden immmer mit que eingeleitet. Dienen die Imperativformen der 3.Ps. (Sg. bzw. Pl.) aber einer höflichen Aufforderung, so steht kein que.

Bsp.:

	Que se'n vagi !	"Er soll verschwinden !"
aber:	Segueixi'm, si us plau !	"Folgen Sie mir bitte !"

4.3.1.2. Einige unregelmäßige Verben

a) creure "glauben, meinen"

Praes.Ind.:	crec, creus, creu, creiem, creieu, creuen.
Praes.Konj.:	cregui, creguis, cregui, creguem, cregueu, creguin.
Impf.Ind.:	creia, creies, creia, crèiem, crèieu, creien.
Impf.Konj.:	cregués, creguessis, cregués etc.
Fut./Kond.:	creuré, creuràs etc. / creuria, creuries etc.
Perf.:	creguí, cregueres, cregué etc.
Part.Perf.:	cregut / -uda.

b) poder "können"

Praes.Ind.:	puc, pots, pot, podem, podeu, poden.
Praes.Konj.:	pugui, puguis, pugui etc.
Impf.Ind.:	podia, podies, podia etc.
Impf.Konj.:	pogués, poguessis, pogués etc.
Fut./Kond.:	podré, podràs etc. / podria, podries etc.
Perf.:	poguí, pogueres, pogué etc.
Part.Perf.:	pogut / -uda.

c) saber "wissen"

Praes.Ind.:	sé, saps, sap, sabem, sabeu, saben.
Praes.Konj.:	sàpiga, sàpigues, sàpiga, sapiguem, sapigueu, sàpiguen.
Impf.Ind.:	sabia, sabies, sabia etc.
Impf.Konj.:	sabés, sabessis, sabés etc.
Fut./Kond.:	sabré, sabràs etc. / sabria, sabries etc.
Perf.:	sabí, saberes, sabé etc.
Part.Perf.:	sabut / -uda.

d) veure "sehen"

Praes.Ind.:	veig, veus, veu, veiem, veieu, veuen.
Praes.Konj.:	vegi, vegis, vegi etc.
Impf.Ind.:	veia, veies, veia, vèiem, vèieu, veien.
Impf.Konj.:	veiés, veiessis, veiés etc.
Fut./Kond.:	veuré, veuràs etc. / veuria, veuries etc.
Perf.:	viu, veres (veieres), véu (veié), vérem (veiérem), véreu (veiéreu), veren (veieren).
Part.Perf.:	vist, vista.

4.3.1.3. *caldre* "nötig sein, müssen" und *haver de* "müssen"

1) caldre bildet als unpersönliches Verb nur die Formen der 3.Ps.:

Praes.Ind.:	cal	Praes.Konj.:	calgui
Impf.Ind.:	calia	Impf.Konj.:	calgués
Fut./Kond.:	caldrà / caldria		
Perf.:	calgué	Part.Perf.:	calgut

Die Funktion und Konstruktion von caldre bzw. meist cal entspricht ziemlich genau der des frz. "il faut" (3), z.B.:

Cal treballar. "Es ist nötig, zu = man muß arbeiten."
Vgl. frz. "Il faut travailler."

Durch Hinzufügen eines Pers.Pron. nimmt der Satz persönliche Bedeutung an, z.B.:

Em cal treballar. "Mir ist nötig, zu = ich muß arbeiten."
Vgl. frz. "Il me faut travailler."

Schließlich kann von cal auch ein Nebensatz abhängig sein. Die konjugierte Verbform des Nebensatzes steht immer im Konjunktiv (!), z.B.:

Et cal venir. "Du mußt kommen."
—> Cal que vinguis. Vgl. frz. "Il faut que tu viennes."

2) haver de + Infinitiv bedeutet: "etwas tun müssen" (vgl. frz. "avoir à faire qc.", span. "tener que hacer" etc.).
Bsp.:

Has d'esperar aquí.	"Du mußt hier warten."
Ara, hem d'anar a casa.	"Jetzt müssen wir nach Hause gehen."

4.3.1.4. Gebrauch der Tempora des Verbs

Einerseits ist es hier nicht möglich, andererseits nicht unbedingt erforderlich, das Tempussystem des Katalanischen ausführlichst zu erläutern. Als Orientierungshilfe sei auf die anderen romanischen Sprachen verwiesen. Darüber hinaus entspricht der Gebrauch von Praesens, Futur und Konditional auch in etwa dem im Dtsch. Ein (kleiner) Unterschied zum Dtsch. besteht darin, daß zum Ausdruck einer zukünftigen Handlung im Kat. (richtigerweise) das Futur gebraucht wird, während im Dtsch. meist das Praesens verwandt wird, z.B.:
Demà aniré a Roses. "Morgen fahre ich (werde ich fahren) nach Roses."
Dieser Gebrauch des Praesens ist im Kat. zwar möglich, aber sehr selten. Lediglich auf die wichtigste Besonderheit des kat. Tempussystems, das zusätzliche Vergangenheitstempus Pretèrit Perfet Perifràstic, soll hier näher eingegangen werden.
Das Imperfekt, das hauptsächlich zur Beschreibung schon im Ablauf befindlicher oder sich wiederholender oder gewohnheitsmäßig durchgeführter Handlungen in der Vergangenheit dient, sowie das Plusquamperfekt bleiben dabei unberücksichtigt.
Das Pret.Perifràstic, z.B. vaig comprar, steht in Opposition zum Einfachen Perfekt, z.B. comprí, und zum Pret.indefinit, z.B. he comprat. Durch die Tatsache, daß das Einfache Perfekt (comprí) fast nur schriftsprachlich, das Pret.Perifràstic dagegen aber sehr häufig, sowohl schriftsprachlich als auch in der gesprochenen Sprache, vorkommt, wird diese Dreier-Opposition (Pret.Perifràstic - Einfaches Perfekt - Pret.indefinit) auf die Opposition Pret.Perifràstic - Pret.indefinit reduziert.
Als Anhaltspunkt zum richtigen Gebrauch dieser beiden Zeiten darf gelten: Besteht zwischen einer schon durchgeführten Handlung und der Gegenwart noch ein aktueller Bezug, so z.B. wenn eine Handlung erst soeben bzw. in einem Zeitraum durchgeführt worden ist, der noch andauert, z.B. "heute, gerade, dieses Jahr, jetzt" etc., gebraucht man das Pret.indefinit. Ist dieser Bezug zur Gegenwart nicht (mehr) gegeben bzw. ist eine Handlung in einem schon abgeschlossenen Zeitraum durchgeführt worden, z.B. "gestern, letztes Jahr, vorige Woche" etc., steht das Pret.Perifràstic.
Bsp.:

	Ahir no va treballar.	"Gestern hat er nicht gearbeitet."
aber:	Avui no ha treballat tampoc.	"Heute hat er auch nicht gearbeitet."
	Suara el meu germà ha arribat.	"Soeben ist mein Bruder angekommen."
	L'any passat vam fer un viatge a València.	"Letztes Jahr haben wir eine Reise nach València gemacht."
aber:	Aquest any no hem viatjat.	"Dieses Jahr sind wir nicht verreist."

4.3.1.5. Gebrauch des Konjunktivs (subjuntiu)

Der Gebrauch des kat. subjuntiu entspricht ziemlich genau dem des span. "subjuntivo" oder des frz. "subjonctif". So wird ein Nebensatz im Konjunktiv immer durch que eingeleitet. Der Konjunktiv steht:

1) nach Verben des Wollens, Wünschens, Befehlens, Verbietens:
Bsp:

Volem que vinguis.	"Wir wollen, daß du kommst."
Manen que tanqui la porta.	"Sie befehlen, daß er die Tür schließt."

2) nach Verben des (Be-)Fürchtens:
Bsp:

	Tens por que no se'n vagi (4).	"Du hast Angst, daß er weggeht."
aber:	Tem que no guanyarà.	"Er befürchtet, daß er nicht gewinnen wird."

3) nach Ausdrücken der Möglichkeit, der Unsicherheit, des Zweifels und nach sembla que... "es scheint, daß...", importa que... "es ist wichtig, daß...", tant de bo (que) "hoffentlich" etc.
Bsp.:

No és probable que ho faci.	"Es ist unwahrscheinlich, daß er das macht."
Dubta que hàgim dit això.	"Er bezweifelt, daß wir das gesagt haben."
Tant de bo que ens esperin.	"Hoffentlich warten sie auf uns."

4) nach Ausdrücken der Gemütsbewegung ("froh, glücklich, traurig" etc.) und des Gefallens:
Bsp.:

No ens agrada que hagis mentit.	"Es gefällt uns nicht, daß du gelogen hast."
Està feliç que hàgiu guanyat.	"Sie ist glücklich, daß ihr gewonnen habt."

5) nach verneinten Verben des Glaubens, Wissens, Meinens etc.:
Bsp.:

No crec que digui la veritat.	"Ich glaube nicht, daß er dieWahrheit sagt."
No sabíem que vinguéssiu.	"Wir wußten nicht, daß ihr kommt."

6) in irrealen Konditional-(Bedingungs-)sätzen (s.u. S. 87):
Bsp.:

Si em preguessis, et donaria diners.	"Wenn du mich bätest, gäbe ich dir Geld."
Si haguéssiu vingut més aviat, ho hauríeu vist.	"Wenn ihr früher gekommen wäret, hättet ihr es gesehen."

7) nach einigen Konjunktionen, z.B. perquè "damit" (!), sense que "ohne daß" (s.u. S. 85), sowie nach cal que (s.o. S. 58):
Bsp.:

Va entrar, sense que te n'adonessis ?	"Trat er ein, ohne daß du es bemerkt hast ?"

8) in Relativsätzen, die einen Wunsch oder eine Vorstellung enthalten, d.h., in denen etwas für bestimmte Zwecke Geeignetes gesucht wird:
Bsp.:

On es pot trobar un pis que no sigui massa car ?	"Wo findet man eine Wohnung, die nicht zu teuer ist ?"
Busco un secretari que parli el català.	"Ich suche einen Sekretär, der Katalanisch spricht."
aber: He trobat un secretari que parla bé el català.	"Ich habe einen Sekretär gefunden, der gut Katalanisch spricht."

Muß im Nebensatz der Konj. stehen, so steht der Konj.Praes., wenn im Hauptsatz Praes. oder Pret.indefinit steht, ansonsten der Konj.Impf. bzw., falls nötig, eine zusammengesetzte Form des Konj., z.B. hagi fet.

4.3.2. Form und Stellung zweier oder mehrerer unbetonter Personalpronomen (Objektpronomen) (III)

Beim Zusammentreffen zweier oder mehrerer Pronomen vor oder hinter einer Verbform ist folgendes zu beachten.

1) die Reihenfolge:

reflexiv	2.Ps.	1.Ps.	3.Ps.Dativ	3.Ps.Akk.	en /	ho /	hi
se/s'	te/t' -vos,us	me/m' -nos,ens	li,els	el/l',la els,les	en	ho	hi

2) Apostrophierung:

Treffen die an- bzw. auslautenden Vokale zweier Pronomen aufeinander, wird apostrophiert, und zwar:

a) das erste Pronomen behält seine volle Form, während das zweite apostrophiert wird. Aber
b) die Pronomen les, li, ho und hi werden nie verändert. Daraus folgt,
c) daß vor ho und hi immer dann apostrophiert wird, wenn ein vorangehendes Pronomen auf Vokal endet (außer li und la !!).

Bsp.:

(*M~~e~~ ho —>)	M'ho has dit.	"Du hast es mir gesagt."
(*T~~e~~ hi —>)	T'hi hem vist.	"Wir haben dich dort gesehen."
aber:	La hi ha vista també.	"Er hat sie auch dort gesehen."

Grundregel: Der Apostroph rückt so weit wie möglich nach rechts !
Bsp.:

Em dónes diners ?	"Gibst du mir Geld ?"
No, no te'n dono.	"Nein, ich gebe dir keins (davon)."
Però, en Pere me n'ha donat.	"Aber Pere hat mir welches gegeben."

Für die Stellung hinter einer Verbform gilt dieselbe Regel. Wenn nicht apostrophiert wird, verbindet man die Pronomen durch Bindestrich.

Die Pronomen me, te und se werden auch an eine vorausgehende, auf Vokal endende Verbform (meist Imperativ) mit Bindestrich angeschlossen, wenn ein weiteres Pronomen folgt. Stehen sie allein, wird apostrophiert.
Bsp.:

	Dóna'm la clau !	"Gib mir den Schlüssel !"
aber:	Dóna-me-la !	"Gib ihn mir !"
	Dóna'm el llibre !	"Gib mir das Buch !"
aber:	Dóna-me'l !	"Gib es mir !"
	Ensenya'm el que vas trobar !	"Zeig mir, was du gefunden hast !"
aber:	Ensenya-m'ho !	"Zeig es mir !"

Eine wichtige Besonderheit des Pronomens li ist zu beachten: Trifft li mit einem Akk.Pron. der 3.Ps., also el, la, els oder les zusammen, so verwandelt es sich in hi (!) und verhält sich wie dieses, d.h. es rückt rechts neben das Akk.Pron. Diese Regel gilt sowohl bei Vor- als auch bei Nachstellung der Pronomen.
Bsp.:

Donaràs la flor a la teva germana ?	"Wirst du die Blume deiner Schwester geben ?"

Die Reihenfolge der Pron. wäre nach obigem Schema (Dativ vor Akk. !):
*Li (a la germana) la (la flor) donaré.

Aber: li + Akk.Pron. der 3.Ps. (la) : li —> hi und hinter la:
—> Sí, la hi donaré. "Ja, ich werde sie ihr geben."

Pots deixar les teves eines al meu pare ?	"Kannst du deine Werkzeuge meinem Vater leihen ?"

Ergäbe: Puc deixar-*li (al pare) -les (les eines).
Aber: li + Akk.Pron. der 3.Ps. (les) : li —> hi und hinter les:
—> Sí, puc deixar-les-hi. "Ja, ich kann sie ihm leihen."

Mögliche Kombinationen sind also:

*li el	—>	l'hi
*li els	—>	els hi
*li la	—>	la hi
*li les	—>	les hi

Weitere Beispiele:

No vol ensenyar els discs(Akk.) al seu amic(Dat.) ?	"Will er seinem Freund die Schallplatten nicht zeigen ?
Sí, vol ensenyar-los(Akk.)-hi(Dat.) oder: Sí, els hi vol ensenyar.	"Doch, er will sie ihm zeigen."
Has comprat els bitllets(Akk.) de cinema als nens(Dat.) ?	"Hast du den Kindern die Kinokarten gekauft ?"
Sí, els(Dat.) els(Akk.) havia promesos i volia donar-los(Dat.)-els(Akk.) demà. oder: ..i els(Dat.) els(Akk.) volia donar.	"Ja, ich hatte sie ihnen versprochen und wollte sie ihnen morgen geben."

4.3.3. Die Relativpronomen

1) unbetontes que "der, die, das" für Personen und Sachen;
2) betontes què (nach Präpositionen) "der, die, das" nur für Sachen;
3) betontes qui (nach Präpositionen) "der, die, das" nur für Personen;
4) die Formen el qual, la qual, els quals, les quals "der, die, das" für Personen und Sachen; vgl. frz. "lequel" und span. "el cual".
5) die ohne Bezugswort gebrauchten Formen:

qui	oder el qui	"der(jenige), welcher / wer"
que	oder el que	"das, was"
tothom qui		"jeder, der"
tot el que		"alles, was"

6) das Ortsadverb on "wo"

Nach Präpositionen muß entweder qui oder què stehen bzw. die entsprechende Form von el qual. Dabei wird el/els mit de, a und per kontrahiert (s. S. 29). Das unbetonte que kann Subjekt oder Objekt des Relativsatzes sein oder als Bezugswort einer Zeitangabe verwandt werden.

Bsp.:

L'àvia, que estava molt malalta, ha mort.	"Die Großmutter, die sehr krank war, ist gestorben."
El noi, que vau convidar, és el meu germà.	"Der Junge, den ihr eingeladen habt, ist mein Bruder."
El dia, que en Jordi va néixer, era un diumenge.	"Der Tag, an dem Jordi geboren wurde, war ein Sonntag."
El problema, de què (oder del qual) hem de parlar, és important.	"Das Problem, über das wir sprechen müssen, ist wichtig."
La noia, amb qui (oder amb la qual) has parlat ara mateix, és bonica.	"Das Mädchen, mit dem du eben gesprochen hast, ist hübsch."
El que s'ha de saber del català...	"Das, was man vom Katalanischen wissen muß..."
La casa, on vivim, és encara nova.	"Das Haus, in dem/wo wir wohnen, ist noch neu."

In einem Relativsatz, der als genitivische Ergänzung zu einem Substantiv dient (dtsch. "dessen", "deren"), unterscheidet sich die Reihenfolge der Satzglieder vom Dtsch. wie folgt:

La casa, 1. la porta / 2. de la qual és oberta,...	"Das Haus, 2. dessen / 1. Tür offensteht,..."
El pescador, 1. la barca / 2. del qual vam comprar,...	"Der Fischer, 2. dessen / 1. Boot wir kauften,..."

4.4. Anmerkungen

1) Die "Avinguda Diagonal" ist eine der wichtigsten Verkehrsadern Barcelonas. Ausgehend von der "Plaça de les Glories Catalanes" im NO verläuft sie in SW-Richtung, um am Stadtrand in die Autobahn A 2 Richtung Madrid/València überzugehen.

2) Zur Endung -eu bzw. -iu der 2.Ps.Pl.: Die lat. Endung der 2.Ps.Pl. war -TIS, z.B. CANTATIS "Ihr singt". Während in anderen romanischen Sprachen

noch Reste von -TIS, zumindest graphisch, feststellbar sind, z.B. frz. "chantez", span. "cantáis", wurde -TIS bzw. -ts (nach Ausfall des unbetonten -i-) im Kat. zu -u : cantats > cantau > canteu. Wann sich diese Entwicklung vollzogen hat, ist schwer zu sagen. So wurde bis zum 16. Jh., neben der neuen Graphie -u, auch noch -ts geschrieben.

3) Zur Wortgeschichte und Bedeutungsentwicklung von caldre/cal:
caldre < lat. CALERE "warm sein, warm haben"; vgl. lat. CALIDUS (später zu caldus) "warm". Schon im gesprochenen Latein der Spätantike bedeutete CALERE "interessieren, wichtig sein"; das wurde zu "wichtig sein, nötig sein, müssen". Auch im Altfrz. gab es noch chaut, das aber später durch il faut (< lat. FALLIT) verdrängt wurde.

4) Nach Verben des Fürchtens, z.B. témer, tenir por, wird schriftsprachlich im nachfolgenden Nebensatz oft ein no ergänzt, das aber keine verneinende Wirkung besitzt. Dieses no (vgl. frz. "ne explétif") erklärt sich so: z.B. die beiden lat. Sätze: NE VENIAT ! SED TIMEO. "Er soll nicht kommen ! Aber ich fürchte es (daß er kommt)" wurden zu: "Ich (be-)fürchte, daß er kommt": "Temo que no vingui." In einem wirklich verneinten Satz, z.B.: "Ich fürchte, daß er nicht kommt" wird, um Verwechslungen zu vermeiden, das Futur benutzt: "Temo que no vindrà."

4.5. Übungen

1) Übersetzen Sie den Text auf S. 55.

2) Bilden Sie alle (bejahten bzw. verneinten) Imperativformen:
(Parlar) en veu alta ("laut") ! Ara no (anar-se'n) ! (Dir) la veritat ! No (venir) massa tard ! (Fer) aquesta feina ! (Ajudar)-lo ! (Venir) a casa ! (Tenir) el teu abric !

3) Bilden Sie die entsprechenden Verbformen (Ind. oder Konj.):
No vull que tu (fer) això. Tens por que ell (haver) perdut els diners. Creiem que vosaltres (tenir) raó ("recht haben"). No els agrada que ells (haver) comprat la casa vella. S'alegra ("sich freuen") que els seus amics (haver) vingut. Voleu comprar-li un regal que no (ésser) massa car ? Cal que nosaltres hi (anar).

4) Übersetzen Sie. Achten Sie auf Reihenfolge und Form der Pronomen !
Er hat es uns nicht erzählt. Wir wollten sie (les fotos) euch nicht zeigen. Ihr müßt es (la imatge "Bild") ihr schenken. Warum wolltet ihr es (la moto) ihm nicht verkaufen ? Wir haben es ihnen gesagt und sie haben es uns sogar (fins i tot) geglaubt. Geht ihr morgen ins Theater (el teatre) ? Ich glaube nicht, daß wir (dahin-) gehen.

5) Setzen Sie die entsprechenden Relativpronomen ein:
El meu oncle,.....us vaig presentar, és pescador. Ajudem la nostra veïna,..... és una pobra dona ! L'home, amb.....has discutit, és el secretari del nostre president. Vam trobar un petit gos, l'amo (m. "Besitzer").....no coneixem. Conta'ns tot.....en saps !

5. Lektion

5.1. Text: *Antics brigadistes reben un homenatge a Catalunya*

"Diversos centenars de persones, entre les quals hi havia un bon nombre de membres de les brigades internacionals (1) amb els seus familiars, van fer ahir a Gandesa una crida a la defensa de la llibertat i la pau, dins els actes commemoratius de la guerra civil, en la qual van lluitar al costat del bàndol republicà. Avui arribaran a Barcelona, on seran homenatjats amb diversos actes fins dilluns.(...)
Uns quants brigadistes van visitar també Corbera de Terra Alta, municipi veí de Gandesa, que l'aviació de les tropes sublevades del general Franco va arrasar totalment, de tal manera que s'hi va haver de construir el nou poble al costat. Les cases ensorrades i l'església en ruïnes de l'antic poble són un testimoniatge viu d'aquella guerra.(...) Els brigadistes han recorregut, aquesta última setmana, les diverses ciutats que amb el bàndol republicà van defensar contra les tropes del general Franco. Des de Madrid van visitar Saragossa, Casp i, ahir, Gandesa. Aquests dies vindran a Barcelona, tal com ho van fer el mes de setembre de l'any 1938, durant la guerra civil. Els promotors de l'homenatge volen demostrar als antics combatents "l'agraïment unànime del poble espanyol" i del català, ja que van venir "a lluitar contra les castes més negres de l'Espanya feudal, que s'havien alçat contra la república", segons Antoni Pere Sancho, portaveu de la coordinadora catalana per a l'homenatge.(...) Dimarts, dia 28, s'escau el 48è. aniversari de la sortida de les brigades internacionals del territori espanyol. Se'n van anar per complir els acords del comitè de no-intervenció, l'any 1938. Per això dilluns, dia 27 d'octubre, la mateixa data que quaranta-vuit anys enrera es van acomiadar, aquests brigadistes seran acomiadats de Barcelona amb un acte popular al Palau de Congressos i un altre d'artístic al Poble Espanyol (2). Abans, però, hauran estat rebuts pel president del Parlament i el govern de la Generalitat i altres autoritats."

[Plaça de Catalunya a Barcelona]

(aus: AVUI vom 23.10.1986)

5.2. Vokabeln

antic/-ga	ehemalig,alt	centenar m.	Gruppe von 100
brigadista m.	Brigadist	nombre m.	(An-)Zahl
rebre	empfangen	familiar m.	Familienangehöriger
homenatge m.	Ehrung	crida f.	Aufruf
divers/-a	verschieden, Pl. hier: mehrere	defensa f.	Verteidigung
		llibertat f.	Freiheit

pau f.	Frieden	demostrar	beweisen,zeigen
acte m.	Akt,Festakt,Tat	combatent m.	(Mit-)Kämpfer
commemoratiu/-iva	Gedenk-	agraïment m.	Dank
guerra civil f.	Bürgerkrieg	unànime	einmütig
lluitar	kämpfen	ja que	da,weil
bàndol m.	Partei,Seite	casta f.	Kaste
homenatjar	ehren	negre/-a	schwarz
dilluns m.	Montag	feudal	feudal
uns quants	einige	alçar	erheben
municipi m.	Gemeinde	segons	gemäß,nach,wie
veí/veïna	benachbart,m./ f. Nachbar/-in	portaveu m.	Sprecher
		coordinadora f.	Organisationskomitee
aviació f.	Luftwaffe		
sublevat/-ada	aufgewiegelt	escaure's	fallen auf (Tag)
arrasar	dem Erdboden gleichmachen	aniversari m.	Jahres-/Geburtstag
		sortida f.	hier: Abzug
de tal manera que	derart, daß	territori m.	Territorium
ensorrar	einstürzen	complir	erfüllen
església f.	Kirche	acord m.	Vereinbarung
ruïna f.	Ruine	no-intervenció f.	Nichteinmischung
testimoniatge m.	Zeugnis,Beweis	per això	deshalb
viu/-va	lebendig	data f.	Datum
recórrer	hier: bereisen	quaranta-vuit	48
últim/-a	letzte(r)	enrera	hier: zuvor
defensar	verteidigen	acomiadar(-se)	(sich) verabschieden
tal com	so wie	palau m.	Palast
setembre	September	autoritat f.	Persönlichkeit,Autorität
durant	während		

5.3. Grammatik

5.3.1. Das Verb (V)

5.3.1.1. Gerundium und Partizip Praesens

Das Gerundium wird gebildet, indem an den Verbstamm bei der

I. Konjugation:	-ant	z.B.	cantant	
II. Konjugation:	-ent	z.B.	perdent	(Ausnahmen s. S. 75 ff.)
III. Konjugation:	-int	z.B.	dormint	

angefügt werden.

Das Part.Praes. hat in der I. und II. Konjg. dieselben Formen wie das Gerundium. In der III. Konjg. endet das Part.Praes. jedoch auf -ent. Das Part.Praes. wird meist als Adjektiv verwandt, z.B.:

l'aigua bullent "das kochende Wasser"

Ein dtsch. Part.Praes. muß im Kat. nicht selten mit einem Relativsatz übersetzt werden, z.B.:

"ein schlafendes Kind" un nen que dorm

Während das Part.Praes., entweder substantiviert, z.B. l'estudiant "(der Studierende) Student", oder als Einendungsadjektiv veränderlich ist, ist das Gerundium unveränderlich.

Die Funktionen des Gerundiums lassen sich wie folgt zusammenfassen:

1) als Ersatz verschiedener Nebensatzarten. Das Gerundium drückt dabei immer Gleichzeitigkeit mit dem Verb des Hauptsatzes aus.
Bsp.:
für einen Relativsatz:

Els nens, jugant al parc, no van adonar-se que plovia.	"Die Kinder, die auf dem Spielplatz spielten, bemerkten nicht, daß es regnete."

für einen Temporalsatz:

Sortint de casa, vaig veure el nostre veí.	"Als ich aus dem Haus trat, sah ich unseren Nachbarn."

für einen Konditionalsatz:

Aixecant-nos aviat, tindrem més temps per a esmorzar.	"Wenn wir früh aufstehen, haben wir mehr Zeit zum Frühstücken."

2) als adverbiale Bestimmung der Art und Weise:
Bsp.:

Va anar-se'n rient.	"Er ging (wie ?) lachend weg."

3) estar + Gerundium dient dazu, den (noch andauernden) Verlauf einer Handlung zu betonen (vgl. im Span.; oder engl. "continuous form"):
Bsp.:

Estic treballant.	"Ich arbeite gerade."
En Joan estava dormint quan vam entrar.	"Joan schlief, als wir eintraten."

4) continuar und seguir + Gerundium drücken den weiteren Fortgang einer Handlung aus (vgl. engl. "to go on doing s.th."):
Bsp.:

El gos continuava/seguia lladrant.	"Der Hund bellte weiter."

5) mit havent + Part.Perf. wird eine Vorzeitigkeit zur Handlung des Hauptsatzes ausgedrückt:
Bsp.:

Havent acabat la feina, van anar al cinema.	"Nachdem sie die Arbeit beendet hatten, gingen sie ins Kino."

5.3.1.2. Verbalperiphrasen

Verbalperiphrasen des Katalanischen sind:

1) anar a + Infinitiv	"beinahe etwas getan haben, im Begriff gewesen sein, etwas zu tun"
Bsp.:	
Anava a dir que...	"Er wollte gerade sagen, daß.."

Umgangssprachlich findet man diese Konstruktion auch zum Ausdruck der nahen Zukunft (vgl. span. "ir a hacer"); dies gilt in der Hochsprache als inkorrekt und wird als Einfluß des Spanischen angesehen.

Beachte: "anar a + Infinitiv" "anar + Infinitiv" nicht mit dem Pret.Perifràstic verwechseln !!

2) tornar a + Infinitiv	"etwas noch einmal tun; wiederholen"
Bsp.:	
Va tornar a dir-ho.	"Er sagte es noch einmal."
3) acabar de + Infinitiv	"gerade etwas getan haben" (vgl. frz. "venir de faire qc.")
Bsp.:	
Acabem de parlar-ne.	"Wir haben gerade davon gesprochen."
4) posar-se a + Infinitiv	"anfangen, etwas zu tun" (vgl. frz. "se mettre à faire qc.")
Bsp.:	
Va posar-se a arreglar tot.	"Er machte sich daran/begann, alles aufzuräumen."
5) arribar a + Infinitiv	"schließlich etwas tun" (vgl. frz. "finir par faire qc.")
Bsp.:	
Has arribat a persuadir-los.	"Schließlich hast du sie überzeugt."
6) anar per/estar per/estar a punt de + Infinitiv	"gleich, sofort etwas tun; im Begriff sein, etwas zu tun"
Bsp.:	
Estava a punt de sortir.	"Sie war gerade dabei, wegzugehen."

Zu den Verbalperiphrasen zählen auch: haver de + Infinitiv (s. S. 59) und estar/ continuar/seguir + Gerundium (s.o.).

5.3.1.3. Das Passiv

Das Passiv wird mit einer Form von ésser und dem Part.Perf. gebildet. Das Part.Perf. stimmt in Genus und Numerus mit dem Subjekt überein. Der Urheber der Handlung wird ggf. mit per angegeben (3).

Bsp.:

Som ben acollits.	"Wir werden freundlich empfangen."
L'avi és acompanyat per la néta.	"Der Großvater wird von der Enkelin begleitet."
Aquest matí els atletes han estat homenàtjats per l'alcalde.	"Heute morgen sind die Sportler vom Bürgermeister geehrt worden."
La casa va ser construida pel teu pare.	"Das Haus ist von deinem Vater gebaut worden."
La bicicleta em va ser furtada.	"Das Fahrrad wurde mir gestohlen."
No volem que aquest cavall sigui venut.	"Wir wollen nicht, daß dieses Pferd verkauft wird."

Verwiesen sei an dieser Stelle auf die reflexiven Verben (s.o. S. 44), die ebenfalls oft ein Passiv ausdrücken.

5.3.2. Das Adverb

Adverbien der Art und Weise können durch Anfügen des Suffixes -ment an die fem. Form eines Adjektivs gebildet werden (vgl. frz. "-ment") (4).

Bsp.:

lent	—>	lenta	+ -ment —>	lentament	"langsam"
fàcil	—>	fàcil (!)	+ -ment —>	fàcilment	"leicht"
prudent	—>	prudent (!)	+ -ment —>	prudentment	"vorsichtig"

"Unregelmäßige" Adverbien der Art und Weise sind:

bé	(ben vor Adj., Adv. und Part.)	"gut"
millor	(oder: més bé)	"besser"
mal	(unbetont vor Adj. und Part.), malament	"schlecht,schlimm"
pitjor	(oder: més malament)	"schlechter"

Weitere Adverbien der Art und Weise sind:

així	"so"	de debò	"wirklich"
amb prou feines	"mit Müh' und Not"	de pressa	"schnell"
a penes	"kaum"	de sobte	"plötzlich"
a poc a poc	"langsam"	ensems	"zusammen"
debades	"umsonst"	tot	"völlig,ganz"
de bona gana	"gern"		

Die wichtigsten Adverbien der Menge und des Grades sind:

com	"wie (sehr)"	força	"sehr viel"
quant	"wieviel"	almenys	"mindestens"
tant	"so sehr,soviel"	massa	"zu,zuviel"
(tan vor Adj. und Adv.)		un tip (de)	"eine Menge"
molt	"viel,sehr"	un poc, un xic	"ein wenig"
poc	"wenig"	una mica	"ein wenig"
més	"mehr"	(fins) i tot	"sogar"
menys	"weniger"	inclús	"sogar"
bastant	"genug,ziemlich"	també	"auch"
prou	"genug"	que (Ausruf)	"wie (sehr)"
només, solament	"nur"		

Die wichtigsten Adverbien des Ortes/der Richtung und der Zeit sind:

aquí	"hier"	ara	"jetzt"
allà, allí	"dort"	sempre	"immer"
pertot arreu	"überall"	sovint	"oft"
(no)enlloc	"nirgendwo"	ja	"schon"
en algun lloc	"irgendwo"	de seguida	"sofort"
(a)davant/darrera	"davor(n)/hinten"	abans	"vorher,früher"
endavant	"vorwärts,nach vorn"	després	"später,danach"
endarrera	"nach hinten,rück-	mai	"nie"
	wärts,zurück"	aviat	"früh,bald"
enrera	"zurück,zuvor"	tard	"spät"

damunt/davall	"auf,über/unten, darunter"	d'ençà	"seit(-her)"
		avui/ahir	"heute/gestern"
amunt/avall	"hinauf/hinunter"	demà(passat)	"(über-)morgen"
sobre/sota	"auf,über/unten, darunter"	abans d'ahir	"vorgestern"
		al matí	"am Morgen"
(a)dalt/(a)baix	"oben/unten"	anit	"gestern bzw. heute abend"
ençà/enllà	"hierhin/dorthin"		
dins (a),endins	"in,(nach)drinnen"	al migdia	"mittags"
al mig,enmig	"in der Mitte"	de dia	"am Tage"
(a)fora,enfora	"(nach)draußen"	de nit	"nachts"
(a la) vora de	"nahe (bei)"	l'endemà	"am nächsten Tag"
(a) prop	"nahe bei"	llavors	"damals,dann"
lluny	"weit"	adés,suara	"soeben,gerade"
a la dreta	"rechts"	alhora	"zugleich"
a l'esquerra	"links"	primer	"zuerst,erst"
		a/de vegades	"manchmal"

Bsp.:

Treballa lentament, però bé.	"Er arbeitet langsam, aber gut."
Vam divertir-nos de debò.	"Wir haben uns wirklich amüsiert."
Els nens juguen tot sols.	"Die Kinder spielen ganz allein."
No saps com és difícil això.	"Du weißt nicht, wie schwer das ist."
No li'n donis tant !	"Gib ihm nicht soviel davon !"
No siguis tan descarat !	"Sei nicht so unverschämt !"
Avui ha nevat menys.	"Heute hat es weniger geschneit."
El filferro és massa llarg.	"Der Draht ist zu lang."
Posa't una mica cap a la dreta !	"Stell dich ein wenig nach rechts !"
La maleta ja és a dalt.	"Der Koffer ist schon oben."
com 18 anys enrera	"wie 18 Jahre zuvor"
Que tard és ja !	"Wie spät es schon ist !"

Zu Ortsadverbien, die mit de zu Präpositionen werden, z.B. darrera de, s. S. 84. Zu weiteren Adverbien, insbesondere Negationsadverbien und Adverbien des Zweifels und der Bejahung, s. S. 87.

5.3.3. Steigerung und Vergleich bei Adjektiv und Adverb

Komparativ und Superlativ werden normalerweise mit més "mehr" gebildet (5). Aber oft kann nur anhand des Kontextes entschieden werden, ob es sich um Komparativ oder Superlativ handelt.
Bsp.:

el tren més ràpid	"der schnellere" oder "der schnellste Zug"
La Diagonal és el carrer més llarg de Barcelona.	"Die 'Diagonal' ist die längste Straße Barcelonas."

Ausnahmen :

bo	:	millor	(häufig auch	:	més bo)
mal, dolent	:	pitjor	(häufig auch	:	més dolent)
petit	:	menor	(häufiger (!)	:	més petit)
gran	:	major	(häufiger (!)	:	més gran)

Zum Ausdruck eines Vergleiches werden més (menys)...que "mehr (weniger)...als" oder tan (tant)...com "so (soviel)...wie" gebraucht. Vor Zahlwörtern wird que durch de ersetzt. Beim Vergleich zweier Eigenschaften eines Subjekts steht im Nachsatz oft ein (nicht obligatorisches) no.
com més (menys)...més (menys) entspricht dtsch. "je...desto (umso)".
Bsp.:

En Joan és més alt que tu.	"Joan ist größer als du."
L'Enric no parla tant com tu.	"Enric redet nicht soviel wie du."
No ho heu fet tan bé com ell.	"Das habt ihr nicht so gut gemacht wie er."
Ha fet més de deu faltes.	"Er hat mehr als 10 Fehler gemacht".
La Maria parla el català millor que no l'escriu.	"Maria spricht besser Katalanisch als sie es schreibt."
Aquesta imatge és la que ens agrada més.	"Dieses Bild gefällt uns am besten."
les famílies menys riques	"die weniger reichen Familien"
Està menys content del que sembla.	"Er ist weniger zufrieden als es scheint."
Com menys dorms, més cansat estàs.	"Je weniger du schläfst, umso müder bist du."

Der "absolute Superlativ" ("Elativ"), im Dtsch. oft nur mit "sehr, besonders, äußerst" etc. wiederzugeben, kann im Kat., außer mit molt, durch das Suffix -íssim /-a gebildet werden. Die Adjektivendung -ble wird dabei zu -bilíssim/-a.
Bsp.:

molt	—>	moltíssim	"sehr, sehr viel"
rar	—>	raríssim	"äußerst selten"
ric	—>	riquíssim	"steinreich"
gran	—>	grandíssim	"sehr groß"
bo/bon	—>	boníssim	"sehr gut"
amable	—>	amabilíssim	"äußerst liebenswürdig"

5.3.4. Zahlwörter, Zeit- und Datumsangabe

0	zero	13	tretze	50	cinquanta
1	un, u, una	14	catorze	60	seixanta
2	dos, dues	15	quinze	70	setanta
3	tres	16	setze	80	vuitanta
4	quatre	17	disset	90	noranta
5	cinc	18	divuit	100	cent, cents, centes
6	sis	19	dinou	101	cent un
7	set	20	vint	200	dos-cents (m.),
8	vuit	21	vint-i-un		dues-centes (f.)
9	nou	22	vint-i-dos	1000	mil
10	deu	30	trenta	2000	dos mil
11	onze	31	trenta-un	1000000	un milió
12	dotze	40	quaranta		

Veränderlich sind nur un, dos, cent : una, dues, cents/centes.

Die Ordnungszahlen sind:	primer / -a	"erste(r)"	tercer / -a	"dritte(r)"
	segon / -a	"zweite(r)"	quart / -a	"vierte(r)"

Ab "5" bildet man die Ordnungszahlen, indem für das Mask. -è, für das Fem. -ena angefügt werden, z.B. sisè/sisena (6è.), setè/setena (7è.) etc., aber: cinquè/-ena (5è.), novè/-ena (9è.), desè/-ena (10è.).

Weitere Zahlwörter sind:

un terç, un dècim, un centèsim	1/3, 1/10, 1/100
doble / triple/-a	"(das) doppelt(e) / (das) dreifach(e)"
una desena / una dotzena	"eine Gruppe von 10 / ein Dutzend"
una centena, un centenar	"eine Gruppe von 100, etwa 100"
un miler	"etwa Tausend"

Die Angabe der Uhrzeit erfolgt entweder in der offiziellen Form, z.B. 22^{33} : vint-i-dues hores i trenta-tres minuts, oder, häufiger, in der umgangssprachlichen Form; hora/hores bzw. minuts werden dabei ausgelassen.

Bsp.:

Es la una (hora).	"Es ist 1 Uhr".
a les tres	"um 3 Uhr"
Són les nou i deu.	"Es ist 9 Uhr 10".
a un quart de cinc	"um Viertel nach 4" = "ein Viertel 5"
a dos quarts (!) de cinc	"um halb 5"
a tres quarts (!) de cinc	"um Viertel vor 5" = "drei Viertel 5"
a les set menys cinc	"um 5 (Minuten) vor 7"
a les sis del matí	"um 6 Uhr morgens"
d'aquí a un quart	"in einer Viertelstunde"
d'aquí a dues hores	"in zwei Stunden"

Die Datumsangabe erfolgt mit den Grundzahlen (außer beim Monatsersten):

Bsp.:

el dia u de / el primer de juny	"1. Juni"
el sis d'abril de mil nou-cents setanta-tres	"6. April 1973"
fins el vint-i-nou de febrer	"bis zum 29. Februar"
d'aquí a cinc dies	"in fünf Tagen"
fa tres dies	"vor drei Tagen"
el dilluns entrant/vinent	"kommenden Montag"
el dimecres passat	"letzten Mittwoch"
la setmana que ve	"nächste/kommende Woche"
els dissabtes (Pl.)	"samstags"

5.4. Anmerkungen

1) Freiwillige verschiedener Nationalitäten, z.B. Engländer, Bulgaren, Amerikaner, Deutsche, Russen, Italiener, kämpften im Spanischen Bürgerkrieg auf seiten der Republik gegen die Truppen Francos, der sich am 1.10.1936 zum Staatschef Spaniens hatte ernennen lassen. Aufgrund eines Völkerbundbeschlusses vom 1.10.1938 mußten diese "Internationalen Brigaden", im Gegensatz zur Franco unterstützenden "Legion Condor", das span. Territorium im Herbst 1938 verlassen.

2) Das auf dem Montjuïc in Barcelona gelegene "Poble Espanyol" ist eine durch eine Art Stadtmauer abgeschlossene Dorfanlage, in der einzelne Bauwerke den Stil typisch spanischer Bauweise darstellen.

3) Diese Bildungsweise des Passivs entspricht der aller romanischen Sprachen. Das lat., "synthetische" (d.h. nur aus einer Form bestehende) Passiv im Praes., Impf. und Futur, z.B. LAUDAMINI "ihr werdet gelobt" oder NECABANTUR "sie wurden getötet", hat sich in den romanischen Sprachen nicht bewahren können.

4) Die Adverbialbildung mit -ment hat ihren Ursprung in der Zusammenziehung eines Adjektivs mit dem (bedeutungslos gewordenen) Ablativ MENTE < lat. MENS. Einige unregelmäßige Adverbien haben sich auf Grund ihrer Häufigkeit erhalten: bé < lat. BENE, mal < MALE, millor < MELIORE(M), pitjor < PEIORE(M). Die korrekten lat. Formen der beiden letztgenannten waren MELIUS (> altkat. mills) und PEIUS.

5) Komparativ und Superlativ wurden im klassischen Latein synthetisch gebildet, z.B. ALTUS - ALTIOR - ALTISSIMUS. Nur bei Adjektiven auf -US mit vorhergehendem Vokal, z.B. IDON-E-US "geeignet", wurden die Steigerungsformen auch mit MAGIS (> kat. més) und MAXIME "am meisten" gebildet. Dieses "einfachere" Prinzip hat sich auf alle Adjektive ausgedehnt.

5.5. Übungen

1) Übersetzen Sie den Text auf S. 65.

2) Übersetzen Sie mit Hilfe des Gerundiums und der Verbalperiphrasen:
Er rasierte sich, wobei er gleichzeitig sang. Unser Sohn kam weinend (plorar) nach Hause, weil du ihn geschlagen hast. Nachdem wir gegessen hatten, arbeiteten wir weiter. Warte (esperar) einen Moment ! Ich ziehe mich gerade an (vestir-se). Ich erklärte es noch einmal, weil er nicht zugehört hatte. Schließlich haben wir euch doch gefunden. Sie hatten gerade gefrühstückt.

3) Bilden Sie vollständige Passivsätze:
El nen ja.....(batejar, "taufen") ahir. Totes les finestres....(obrir). Aquests articles.....(publicar) la setmana passada. Les claus de l'escola.....(amagar, "verstecken") pels alumnes. Demà, el pis nou....(moblar, "einrichten").

4) Ergänzen Sie més/menys...que/de und/oder tan(t)...com:
No treballem....lentament....vosaltres. Compra sempre....vint pomes (Apfel). Telefonen....sovint....tu. Els veïns de la dreta són.... amables....els veïns de l'esquerra. No mengis....! Si treballessis ....parlessis !

5) Schreiben Sie in Ziffern bzw. Zahlwörtern:
el quinze de setembre de mil nou-cents seixanta-sis, l'onze de gener, el cinquanta-unè visitant, el vint-i-set de novembre, 17.3., 4.6.1959, 391, 758, 916, 571, 229, 1649, 2758.

6. Lektion

6.1. Text: *Per una àmplia gamma de llengües*

Ja a les societats primitives hom ha observat, per exemple, que en una mateixa família les dones i els homes podien parlar llengües diferents, cosa que obligava els infants - és a dir, tothom - a ésser bilingües. Les invasions, les barreges de pobles i les migracions han constantment obligat els individus a conèixer i a practicar dues o més llengües. Al Rosselló, el bilingüisme català - francès és un fet molt general, com a la Catalunya sud-pirinenca el bilingüisme català - castellà.(...) Nosaltres pensem que el poliglotisme és un fet no solament molt estès. sinó també positiu. I no pas únicament per motius comercials, turístics o tècnics. També per raons psicològiques i simplement humanes. L'home necessita, en efecte, diversos nivells d'expressió lingüística.(...) Molts grups socials elaboren un argot per tal d'isolar-se, com a reacció contra les tendències dissolvents de la societat. Els infants imaginen llenguatges secrets. No oblidem, com deia un filòsof, que el llenguatge serveix a l'home tant per ocultar les seves idees i els seus sentiments com per a expressar-los.(...) Al Rosselló això significa que no ens hem de plànyer de tenir dues llengües importants, el català i el francès. Són dues claus que obren dues portes, tan important, l'una com l'altra. El català ens obre (...) els Pirineus i Barcelona, de la qual depèn, segons diuen les mateixes autoritats locals, l'avenir econòmic del país. Ens dóna accés a una cultura que ha estat una de les més precoces i de les més riques de l'Edat Mitjana i que encara ara fa molt honorablement el seu paper en el si del món occidental. El francès és una llengua prestigiosa i de gran difusió internacional. Amb ella assolim una altra dimensió, una dimensió gairebé planetària.(...) N'hi ha que ens volen reduir a una sola llengua. Per què no provarien de fer-nos caminar amb un sol peu, veure amb un sol ull i treballar amb una sola mà ? Quan parlaríem tots com els ordenadors hauríem fet grans avenços ! Hi hauríem guanyat potser dues setmanes més de vacances pagades o el iot familiar. A veure si, per tal de poder consumir una mica més, acceptem de perdre una mica més també de la nostra ànima.

[El Castillet a Perpinyà]

(aus: Pere Verdaguer: *Defensa del Rosselló català*, Barcelona 1974, S. 165 ff.)

6.2. Vokabeln

ampli/-a	weiträumig,groß	diferent	verschieden
gamma f.	Skala,Spektrum	cosa que	etwas, das
societat f.	Gesellschaft	obligar (a)	zwingen (zu)
hom	man	tothom	jeder,jedermann
observar	beobachten	bilingüe	zweisprachig

barreja f.	Vermischung	sentiment m.	Gefühl
migració f.	Wanderung	expressar	ausdrücken
constant	(be-)ständig	significar	bedeuten
conèixer	kennen	plànyer's (de)	sich beklagen (über)
practicar	praktizieren	important	wichtig
bilingüisme m.	Zweisprachigkeit	dependre	abhängen
sud-pirinenc/-a	südlich der Pyre-näen	local	örtlich
		avenir m.	Zukunft
poliglotisme m.	Vielsprachigkeit	econòmic/-a	wirtschaftlich
estès/estesa	verbreitet	accés m.	Zugang,-tritt
positiu/-iva	positiv,gut	precoç	frühreif
no pas	keineswegs	Edat Mitjana f.	Mittelalter
únicament	ausschließlich	honorable	rühmlich,ehrenhaft
motiu m.	Grund,Motiv	fer el seu paper	eine Rolle spielen
comercial	geschäftlich	si m.	Schoß,Brust
raó f.	Grund		hier: Rahmen
psicològic/-a	psychologisch	prestigiós/-a	angesehen
simplement	einfach,nur	difusió f.	Verbreitung
necessitar	benötigen	assolir	erreichen
en efecte	tatsächlich	planetari/-a	weltweit
nivell m.	Niveau,Ebene	reduir	reduzieren
expressió f.	Ausdruck	sol/-a	einzig,allein
lingüístic/-a	sprachlich	per què	warum,weshalb
grup m.	Gruppe,Schicht	provar (de)	versuchen (zu)
elaborar	ausarbeiten	caminar	gehen,laufen
argot m.	Sondersprache	quan	wann,wenn,als
isolar-se	sich isolieren	ordenador m.	Computer
dissolvent	auflösend	avenç m.	Fortschritt
imaginar	hier: ausdenken	potser	vielleicht
llenguatge m.	Sprache,Rede-weise	vacances f.Pl.	Urlaub,Ferien
		iot familiar m.	Familienyacht
secret/-a	geheim	a	hier: um zu
oblidar	vergessen	acceptar	akzeptieren
ocultar	verbergen	ànima f.	Seele,Wesen

6.3. Grammatik

6.3.1. Das Verb (VI)

6.3.1.1. Unregelmäßige Verben der II. Konjugation

Schon mehrfach wurde erwähnt, daß viele Verben der II. Konjg. unregelmäßig sind. Diese Aussage ist nur bedingt richtig. Zwar werden nur wenige Verben wie témer oder perdre (s.o. S. 31) konjugiert, aber sehr viele Verben lassen sich in Untergruppen einordnen, die in sich wiederum recht regelmäßig sind.

Bei den Verben auf -er sind nachfolgende Besonderheiten zu berücksichtigen:

1) die unregelmäßigen Verben ésser "sein" (s.o. S. 33, 49) und córrer "rennen, laufen" und Komposita, z.B. recórrer "sich wenden an, zurücklegen, bereisen", concórrer "zusammenkommen".

Praes.Ind.:	corro, corres, corre etc.
Praes.Konj.:	corri, corris, corri etc.
Impf.Ind.:	corria, corries, corria etc.
Impf.Konj.:	corregués, correguessis etc.
Fut./Kond.:	correré, correràs etc. / correria, correries etc.
Perf.:	correguí, corregueres etc. (wie tenir).
Imperativ:	corre, corri, correguem, correu, corrin.
Part.Perf.:	corregut / -uda.

2) bei den Verben créixer "wachsen", néixer "geboren werden" und merèixer "verdienen" finden sich gelegentlich Formen mit -squ- anstelle von -ix-, z.B. mereixem : meresquem. Das Part.Perf. wird immer mit -sc- gebildet: crescut, merescut, nascut. Außerdem ändert néixer in einigen Tempora den Stammvokal zu -a(ix)-, und zwar in
1. und 2.Ps.Pl. Praes.Ind. und Konj.: naixem, naixeu;
in allen Impf.Formen: naixia etc. / naixés etc.;
im Perfekt: naixí oder häufig auch nasquí etc.;
im Futur und Konditional: naixeré etc. / naixeria etc.
sowie im Gerundium: naixent.

3) die Verben conèixer "kennen (-lernen)" und parèixer "scheinen" und ihre Komposita, z.B. reconèixer "wiedererkennen", aparèixer "erscheinen", bilden die 1.Ps.Sg. des Praes.Ind. auf -c: conec, parec. Darüber hinaus abweichende Formen im

Praes.Konj.:	conegui, coneguis etc. / paregui, pareguis etc.
Impf.Konj.:	conegués, coneguessis / paregués, pareguessis etc.
Perf.:	coneguí, conegueres etc. / pareguí, paregueres etc.
Imperativ:	coneix, conegui, coneguem, coneixeu, coneguin.
	pareix, paregui, pareguem, pareixeu, pareguin.
Part.Perf.:	conegut / -uda, paregut / -uda.

4) die Verben haver, poder (1), voler, saber (s. S. 47, 50, 58) sowie valer "Wert sein" und soler + Infinitiv "gewohnt sein, etwas zu tun".

Praes.Ind.:	valc, vals, val etc. / solc, sols, sol etc.
Praes.Konj.:	valgui, valguis etc. / solgui, solguis etc.
Impf.Ind.:	valia, valies etc. / solia, solies etc.
Impf.Konj.:	valgués, valguessis etc. / solgués, solguessis etc.
Fut./Kond.:	valdré, valdràs etc. / valdria, valdries etc.
	soldré, soldràs etc. / soldria, soldries etc.
Perf.:	valguí, valgueres etc. / solguí, solgueres etc.
Part.Perf.:	valgut / -uda, solgut / -uda.

Bei den Verben auf -re ist folgendes zu beachten:

1) die Verben auf -metre, z.B. admetre "zulassen", permetre "erlauben", prometre "versprechen", bilden das Part.Perf. auf -mès/-mesa, z.B. permès/permesa.

2) bei den Verben auf -aure sind die Typen a) caure "fallen" und b) plaure "gefallen" und die entsprechenden Komposita zu unterscheiden. cloure "schließen" wird wie plaure konjugiert. Das Part.Perf. lautet aber clos/-a.

Praes.Ind.: caic, caus, cau, caiem, caieu, cauen.
plac, plaus, plau, plaem, plaeu, plauen.
Praes.Konj.: caigui, caiguis etc. / plagui, plaguis etc.
Impf.Ind.: queia, queies, queia, quèiem, quèieu, queien.
plaïa, plaïes, plaïa, plaíem, plaíeu, plaïen.
Impf.Konj.: caigués, caiguessis etc. / plagués, plaguessis etc.
Fut./Kond.: cauré, cauràs etc. / cauria, cauries etc.
plauré, plauràs etc. / plauria, plauries etc.
Perf.: caiguí, caigueres etc. /plaguí, plagueres etc.
Gerundium: caient / plaent.
Part.Perf.: caigut / -uda, plagut / -uda.

3) bei den Verben auf -eure sind zu unterscheiden: a) creure und seure "sitzen" (s. S. 57); b) beure "trinken" und deure "sollen, müssen, schulden"; c) treure "ziehen" und jeure "liegen" sowie d) veure (s. S. 58).

Praes.Ind.: bec (2), beus, beu, bevem, beveu, beuen.
trec, treus, treu, traiem, traieu, treuen.
Praes.Konj.: begui, beguis, begui etc.
tregui, treguis, tregui, traguem, tragueu, treguin.
Impf.Ind.: bevia, bevies etc. / treia, treies etc. (wie dir).
Impf.Konj.: begués, beguessis etc. / tragués, traguessis etc.
Fut./Kond.: beuré, beuràs etc. / beuria, beuries etc.
trauré, trauràs etc. / trauria, trauries etc.
Perf.: beguí, begueres etc. / traguí, tragueres etc.
Gerundium: bevent / traient.
Part.Perf.: begut / -uda, tret / -a.

4) die Verben moure "bewegen", commoure "erschüttern" und ploure "regnen" (da unpersönlich nur 3.Ps.Sg.) werden wie folgt konjugiert:

Praes.Ind.: moc, mous, mou / plou / movem, moveu, mouen.
Praes.Konj.: mogui, moguis, mogui etc. / plogui.
Impf.Ind.: movia, movies, movia etc. / plovia.
Impf.Konj.: mogués, moguessis, mogués etc. / plogués.
Fut./Kond.: mouré, mouràs etc. / mouria, mouries etc.
plourà / plouria.
Perf.: moguí, mogueres, mogué etc. / plogué.
Gerundium: movent / plovent.
Part.Perf.: mogut / -uda, plogut.

5) die wichtigsten Verben auf -iure sind: viure "(er-)leben", escriure "schreiben" und riure "lachen". Mit Ausnahme des Part.Perf. rigut/-uda wird riure wie dir (s. S. 49) konjugiert. Die übrigen wie folgt:

Praes.Ind.: visc, vius, viu, vivim, viviu, viuen.
escric, escrius, escriu, escrivim, escriviu, escriuen.
Praes.Konj.: visqui, visquis etc. / escrigui, escriguis etc.
Impf.Ind.: vivia, vivies etc. / escrivia, escrivies etc.
Impf.Konj.: visqués, visquessis etc. / escrivís, escrivissis etc.

Fut./Kond.: viuré, viuràs etc. / viuria, viuries etc.
escriuré, escriuràs etc. / escriuria, escriuries etc.
Perf.: visquí, visqueres etc. / escriví, escrivires etc.
Gerundium: vivint / escrivint.
Part.Perf.: viscut / -uda, escrit / -a.

6) die Verben auf -ldre, z.B. resoldre "lösen, beschließen", und auf -ndre, z.B. prendre "nehmen", werden wie folgt konjugiert:
Praes.Ind.: resolc, resols, resol, resolem, resoleu, resolen.
prenc, prens, pren, prenem, preneu, prenen.
Praes.Konj.: resolgui, resolguis etc. / prengui, prenguis etc.
Impf.Ind.: resolia, resolies etc. / prenia, prenies etc.
Impf.Konj.: resolgués, resolguessis / prengués, prenguessis etc.
Fut./Kond.: resoldré, resoldràs / resoldria, resoldries etc.
prendré, prendràs etc. / prendria, prendries etc.
Perf.: resolguí, resolgueres etc. / prenguí, prengueres etc.
Gerundium: resolent / prenent.
Part.Perf.: resolt / -a, pres / -a.

7) bei Verben auf -b-re wird das -b- im absoluten Auslaut und vor -s zu -p-, z.B. bei apercebre "wahrnehmen", concebre "begreifen", decebre "enttäuschen", percebre "wahrnehmen", rebre "empfangen".
Bsp.:
Praes.Ind.: rebo, reps, rep, rebem, rebeu, reben.

8) die Verben auf -endre bilden das Part.Perf. auf -ès/-a, z.B. aprendre "(er-)lernen" —> après/-a; außer prendre (s.o. Nr. 6) und vendre "verkaufen" —> venut/-uda,
Verben auf -andre auf -às/-a, z.B. romandre "(ver-)bleiben" —> romàs/-a,
Verben auf -fondre auf -fós/-a, z.B. confondre "verwechseln, verwirren" —> confós/-a,
Verben auf -pondre auf -post/-a, z.B. respondre "antworten" —> respost/-a.

9) das Verb dur "tragen" wird wie dir konjugiert (s.o. S. 49).

6.3.1.2. Besonderheiten der III. Konjugation

Neben der sehr geringen Zahl wirklich unregelmäßiger Verben, z.B. tenir, venir, sind noch folgende Besonderheiten zu beachten.

1) das "unregelmäßige" Part.Perf. auf -ert einiger Verben, z.B. oferir —> ofert sowie morir —> mort und imprimir —> imprès (s. S. 32).

2) acudir "sich einfinden", brunzir "summen" und mentir "lügen" können sowohl mit als auch ohne -eix- konjugiert werden.

3) bei collir "pflücken", cosir "nähen", escopir "spucken", sortir "hinausgehen" und tossir "husten", die alle zur Gruppe III b (ohne -eix-) gehören (s. S. 31), wird der Stammvokal -o- bei den stammbetonten Formen des Ind. und Konj.

Praes. und des Imperativs zu -u-, z.B.:

Praes.Ind.:	surto, surts, surt, surten,	aber:	sortim, sortiu.
Praes.Konj.:	surti, surtis, surti, surtin,	aber:	sortim, sortiu.
Imperativ:	surt, surti, surtin,	aber:	sortim, sortiu.

6.3.2. Die Interrogativpronomen und -adverbien

qui	"wer, wen ?"	quant/quants,	"wieviel,
què	"was ?"	quanta/quantes	wie viele ?"
quin/quins	"welche(r) ?"	on / d'on	"wo / woher ?"
quina/quines		per què	"warum, weshalb ?"

Bsp.:

Què vols ?	"Was willst du ?"
Qui has vist ?	"Wen hast du gesehen ?"
Sabeu qui és aquest home ?	"Wißt ihr, wer dieser Mann ist ?"
Quina hora és ?	"Wie spät ist es ?"
Quant costa això ?	"Wieviel kostet das ?"
Quines cançons t'agraden ?	"Welche Lieder gefallen dir ?"

quin wird sehr oft auch in Ausrufen verwandt. Darüber hinaus werden Entscheidungsfragen ("ja" oder "nein") in der Umgangssprache oft mit que (ohne Akzent !) eingeleitet, das im Dtsch. unübersetzt bleibt, z.B.:

Que vindreu demà ?	"Kommt ihr morgen ?"
Que has fet això ?	"Hast du das gemacht ?"
Quin gran idiota !	"Was für ein großer Idiot !"

6.3.3. Die Indefinitpronomen

Die wichtigsten Indefinitpronomen sind:

algú (unv.)	"jemand"	cert/certs,	"gewisse(r)"
algun/alguna,	"irgendein(e),	certa/certes	
alguns/algunes	einige"	res	"nichts"
alguna cosa,quelcom	"etwas"	qualsevol	"irgendein,
altre/altra, altres	"andere(r),noch ein"	Pl. -ssevol	beliebiger"
altri (unv.)	"andere(r)"	tot/tota	"alles,ganz,
cada (unv.) (3)	"jede(r), jedes"	tots/totes	alle"
cadascú, cadascuna	"jede(r)"	uns quants/	"einige,
hom	"man"	unes quantes	ein paar"
ningú	"niemand"		

Bsp.:

Mirava si algú venia.	"Ich/er/sie schaute, ob jemand kam."
Et va prendre per altri ?	"Sie hielt dich für jemand anderen ?"
cada diumenge	"jeden Sonntag"
Cadascú va preguntar-li.	"Jeder fragte ihn."
tota la ciutat	"die ganze Stadt"
Agafa una cadira qualsevol !	"Nimm dir irgendeinen Stuhl !"
Tenia quelcom a la mà.	"Er hielt etwas in der Hand."
Uns quants d'ells no van tornar.	"Einige von ihnen kamen nicht zurück."

6.4. Anmerkungen

1) Nicht die klassisch-lat. Infinitive POSSE und VELLE, sondern wahrscheinlich von Formen des Ind.Perf., z.B. VOLUI "ich habe gewollt", nach dem Muster anderer häufiger Verben, z.B. HABERE : HABUI, neugebildete Infinitive *VOLERE und *POTERE sind als Etyma von poder und voler anzunehmen.

2) Die bei Verben der II. Konjg. häufige Endung -c der 1.Ps.Sg. Ind. Praes., z.B. crec, bec, escric, ist Ergebnis einer Analogie. Ausgehend von Verben, bei denen dieses -c sprachgeschichtlich korrekt ist, z.B. dic < lat. DICO, hat es sich, sozusagen als Kennzeichen der 1.Ps.Sg., auch auf andere Verben ausgedehnt, besonders auf solche, bei denen die 1. und 3.Ps.Sg., lautgeschichtlich bedingt, gleichlautend geworden waren bzw. wären, z.B.:
altkat. creu (< lat. CREDO/CREDIT) > neukat. crec und creu.
" beu (< lat. BIBO/BIBIT) > " bec und beu.
Dieser Analogie unterlag sogar sóc (altkat. só < lat. SUM), obwohl eine Verwechslung mit der 3.Ps.Sg. és nicht möglich war.

3) Etymon von cada ist griech. KATA "je einer"; als Etymon von cadascú wird eine Form aus griech. KATA + lat. QUISQUE "jeder" + lat. UNU(M)/A(M) "ein(e)" angenommen.

6.5. Übungen

1) Übersetzen Sie den Text auf S. 74.

2) Konjugieren Sie. Achten Sie auf evtl. Besonderheiten.
tossir, deure, escriure, riure, dur, mentir, cosir.

3) Bilden Sie die entsprechenden Verbformen:
Perquè havia oblidat quelcom, ell....(córrer) a casa. ....(córrer) tan de pressa com puguis ! Aquest anell ("Fingerring")....(valer) més de vint mil pessetes. Havent menjat, el meu avi, que ja és mort,....(soler) fumar la pipa. L'he....(conèixer) aquest matí a l'estació. No....(beure) tant ! Vull que tu m'....(escriure) una carta cada dia. No sabia que vosaltres també....(viure) a Mataró. A la tardor, els fruits....(caure) dels arbres.

4) Übersetzen Sie:
Mein Freund ist vom Baum gefallen und hat sich den Fuß gebrochen (rompre). Lauf schnell zum Arzt ! Unser Großvater wurde 1909 geboren. Er pflegte jeden Tag die Zeitung zu lesen. Was hast du ihm gerade versprochen ? Nur zwei weitere (= altre) Flaschen Wein (ampolla f. de vi). Ich habe jemanden im Garten gesehen. Wen ? Ich kenne ihn nicht. Suchst du etwas ? Ja, meinen Ring. Wo könnte er sein ? Welchen Tag haben (ésser) wir heute ? Ich habe nicht verstanden (entendre), was er gesagt hat. Welches Bild (imatge f.) gefällt dir besser ? Zuerst möchte ich alle anderen Bilder sehen.

7. Lektion

7.1. Text:

A: *Plany*

[Palau de la Generalitat a Barcelona]

Catalunya, en altre temps,
ella sola es governava
i es feien les seves lleis
en sa llengua i no en cap altra.
Plora, plora Catalunya,
que ja no et governes ara !

Des de ja fa massa temps
estrangers són qui la manen
i en llengua estranya es fan lleis
que a la Nació són contràries.
Plora, plora Catalunya,
ja que et doblegues encara.

(Katalanisches Volkslied)

B: *Ara és demà* (1)

Ara és demà. No escalfa el foc d'ahir
ni el foc d'avui, i haurem de fer foc nou.
Del gran silenci ençà, tot el que es mou
es mou amb voluntat d'esdevenir.

I esdevindrà. Les pedres i el camí
seran el pa i la mar, i el fosc renou
d'ara mateix, el càntic que commou,
l'àmfora nova plena de bon vi.

Ara és demà. Que ploguin noves veus
pel vespre tèrbol, que revinguin deus
desficioses d'amarar l'eixut.

Tot serà poc, i l'heura i la paret
proclamaran conjuntament el dret
de vulnerar la nova plenitud.

(aus: Miquel Martí i Pol: *Crònica de demà*, Sant Boi de Llobregat 1985, S. 41)

7.2. Vokabeln

plany m.	Klage	cap	kein(e)
en altre temps	früher	plorar	weinen
governar	regieren	ja no	nicht mehr
llei f.	Gesetz	des de...fa	seit

estranger m.	Fremder,Ausländer	càntic m.	Lobgesang
estrany/-a	fremd,ungewohnt, seltsam	commoure	bewegen,erschüttern
nació f.	Nation,Volk	àmfora f.	Amphore
doblegar-se	sich beugen	veu f.	Stimme
		vespre m.	Abend(-dämmerung)
escalfar	(er-)wärmen,erhitzen	tèrbol/-a	trübe,undurchsichtig
		revenir (de)	wiederkommen (um)
foc m.	Feuer	deu f.	Quelle,Born
no...ni(...ni)	weder...noch	desficiós/-a	unruhig
silenci m.	Stille,Schweigen	amarar	durchnässen
ençà	her,seit	eixut/-a	trocken
voluntat f.	Wille	heura f.	Efeu
esdevenir	werden,entstehen	paret f.	Wand
pedra f.	Stein	proclamar	verkünden
fosc/-a	dunkel,finster	conjunt/-a	gemeinsam
renou/-va	1. ganz neu 2. m. Lärm	dret m.	Recht
		vulnerar	verwunden
ara mateix	gerade eben,vor/in kurzer Zeit,soeben	plenitud f.	Fülle,Hochgefühl

7.3. Grammatik

7.3.1. Präpositionen

1. Unbetonte Präpositionen sind:

a	"in, zu, nach, bei, je"
amb	"mit"
de	"von, aus"
en	"in, nach, zu"
per, per a	"für, durch, wegen, zu (zeitl.), um...zu"

a erfüllt u.a. folgende Funktionen:

a) Markierung eines indirekten Objekts; der Gebrauch von a in Verbindung mit einem direkten Objekt (Akk.Obj.), wie im Span. häufig, z.B. "Mata al toro" "Er tötet den Stier", ist im Kat. nur bei betonten Pers.Pron. oder tothom, l'un a l'altre möglich, z.B. "El veig a ell" "Ich sehe ihn"; allerdings ist dieser Gebrauch von a grundsätzlich zu vermeiden (2).

b) Orts- und Richtungsangabe;

c) Angabe eines Zeitpunktes;

d) Angabe von (Stück-)Preisen;

Bsp.:

Va donar-ho al pare.	"Er gab es dem Vater."
Viuen a Tarragona.	"Sie leben in Tarragona."
Aneu a Perpinyà ?	"Fahrt ihr nach Perpinyà ?"
a les set, a l'estiu	"um sieben Uhr, im Sommer"
a cent pessetes el quilo	"das Kilo zu 100 Peseten"

amb entspricht im Gebrauch weitgehend der dtsch. Präposition "mit".
Bsp.:

Van viatjar amb tren.	"Sie sind mit dem Zug verreist."
Ha vingut amb nosaltres.	"Er ist mit uns gekommen."

de wird vor Vokal (und h-) immer zu d'. Es steht
a) zur Bezeichnung der Herkunft;
b) zur Markierung des Genitivs; so z.B. in der Konstruktion ésser + Genitiv zum Ausdruck eines Besitzverhältnisses;
c) zur Angabe der materiellen Beschaffenheit und des Verwendungszweckes;
d) nach Maßeinheiten;
Bsp.:

Venim de Londres.	"Wir kommen aus London."
El gat és dels veïns.	"Die Katze gehört den Nachbarn."
una creu de fusta	"ein Holzkreuz (aus Holz)"
una màquina d'escriure	"eine Schreibmaschine (zum Schreiben)"
una lliura de pomes	"ein Pfund Äpfel (Maßeinheit)"

en erfüllt folgende Funktionen:
a) Angabe eines Zeitraumes;
b) ersetzt a als Orts- oder Richtungsangabe vor un etc., algun etc. oder vor einem Demonstrativpronomen;
Bsp.:

Va llegir el llibre en dues hores.	"Er las das Buch in zwei Stunden."
en aquest país	"in diesem Land"

per dient u.a.
a) zur Angabe eines Zeitraumes oder, besonders bei Festtagen, eines Zeitpunktes;
b) zur Angabe eines Grundes sowie des Urhebers (s. o. Passiv S. 68);
c) als Richtungsangabe;
d) nicht selten in der Bedeutung "pro" oder "für", z.B. in Wendungen wie tenir/ prendre per "halten für" etc.;
e) mit nachfolgendem Infinitiv zur Wiedergabe kausaler oder finaler Nebensätze (dtsch. "um...zu");
Bsp.:

per Nadal, pel teu aniversari	"zu Weihnachten, zu deinem Geburtstag"
Van perdre per culpa seva.	"Sie verloren durch seine Schuld."
per la finestra	"durch das Fenster"
per tres dies, per setmana	"für drei Tage, pro Woche"
El tenien per lladre.	"Sie hielten ihn für einen Dieb."
Han vingut per veure't.	"Sie sind gekommen, um dich zu sehen."

per a wird in folgenden Fällen verwendet:
a) Angabe eines Zweckes, eines Motivs oder häufig einer Person, für die etwas bestimmt ist, d.h. der etwas zugedacht ist;

b) mit nachfolgendem Inf. zur Wiedergabe finaler Nebensätze, die von einem Subst., Adj. oder Adv. abhängig sind (sonst per s.o.).

Bsp.:

un llibre per a infants	"ein Buch für Kinder (Kinderbuch)"
Aquest regal és per a tu.	"Dieses Geschenk ist für dich."
Treballa molt per a guanyar diners.	"Er arbeitet viel, um Geld zu verdienen."

Der Unterschied zwischen per und per a ist oft nicht eindeutig. Man vergleiche z.B.:

Fem aquesta festa per tu. — "Wir veranstalten dieses Fest für dich."
(Grund: "deinetwegen, weil du es gewünscht hast")

Fem aquesta festa per a tu. — "Wir veranstalten dieses Fest für dich."
(Zweck, Bestimmung: "dir zu Ehren")

2. Betonte Präpositionen (einschließlich präpositionaler Wendungen):

abans (de)	"vorher,früher"	a causa de	"wegen,auf Grund"
cap a	"nach,auf,gegen"	al costat (de)	"neben"
contra	"gegen"	enfront (de)	"gegenüber (von)"
des (de)	"seit,von"	a fi de	"zum Zwecke"
després (de)	"danach,später"	a força de	"durch,auf Grund"
durant	"während"	en lloc de	"an Stelle von"
entre	"zwischen"	en comptes de	"anstatt"
malgrat	"trotz"	gràcies a	"dank"
fins (a)	"bis"	a més (de),a més	"außer,außerdem,
llevat (de)	"mit Ausnahme von"	a més (de)	darüber hinaus"
fora de	"außer"	mitjançant	"mittels"
segons	"gemäß,wie"	vers,devers	"hin,zu,auf"
sense	"ohne"	envers	"gegenüber"

Bsp.:

El tren surt cap a València.	"Der Zug fährt nach València."
Des d'ahir plou.	"Seit (von) gestern (an) regnet es."
Va córrer des de Lleida fins a Girona.	"Er lief von Lleida bis Girona."
durant aquests últims anys	"während dieser letzten Jahre"
Malgrat les teves objeccions ho faig.	"Trotz deiner Einwände mache ich es."
Llevat del teu germà, tothom ho sabía.	"Außer deinem Bruder wußte es jeder."
segons el portaveu del govern	"laut/gemäß dem Regierungssprecher"
Estava molt atent envers vosaltres.	"Euch gegenüber war er sehr höflich."
gràcies a la teva ajuda	"dank deiner Hilfe"
Vivim enfront de l'ajuntament.	"Wir wohnen gegenüber dem Rathaus."

Viele Ortsadverbien (s.o. S. 69), z.B. darrera, sota, sobre, damunt, davant, a l'esquerra etc., werden mit de ebenfalls zu präpositionalen Wendungen.

Bsp.:

	El gos està (a) davant.	"Der Hund ist vorn."
aber:	El gos està (a) davant de la porta.	"Der Hund ist vor der Tür."

7.3.2. Konjunktionen

1. Die wichtigsten koordinierenden (beiordnenden) Konjunktionen sind:

altrament	"sonst,andernfalls"	o	"oder"
ara...ara	"bald...bald"	o....o	"entweder...oder"
doncs	"denn,also"	però	"aber"
encara	"noch"	sinó	"sondern"
i	"und"	tant...com	"sowohl...als auch"
més aviat	"eher"	tanmateix	"dennoch,vielmehr"
no/ni...ni	"weder...noch"	així i tot	"trotzdem,dennoch"
d'una banda...d'altra banda	"einerseits...andererseits"		

Bsp.:

Fes-ho ara altrament serà massa tard.	"Mach es jetzt, sonst ist es zu spät !"
Doncs, com ho farem ?	"Also, wie werden wir es machen ?"
No és la teva culpa, sinó d'en Pere.	"Es ist nicht deine Schuld, sondern die Peres."
No era blanc, era més aviat gris.	"Es war nicht weiß, eher grau."

2. Die wichtigsten subordinierenden (unterordnenden) Konjunktionen:

(Die Konjunktionen, die mit dem Konjunktiv verbinden, haben ein "(+Subj.)")

que	"daß"	si	"wenn,falls,ob"
com	"wie"	com si (+Subj.)	"als wenn/ob"
quan	"wann,als"	abans que (+Subj.)	"bevor"
perquè	"weil"	després que	"nachdem"
com (que)	"da,weil"	llavors que	"(damals) als"
ja que	"da,weil"	mentre (que)	"während"
puix (que)	"da,weil"	d'ençà que	"seit(-dem)"
perquè (+Subj.) !	"damit"	fins que	"bis"
a fi que (+Subj.)	"damit"	encara/malgrat que	"obwohl"
per tal que (+Subj.)	"damit"	per bé que	"obwohl"
sense que (+Subj.)	"ohne daß"	de (tal) manera que	"so,daß"
a menys que (+Subj.)	"es sei denn,daß"	tan aviat com	"sobald als"
de por que (+Subj.)	"aus Angst,daß"	així que	"sowie"

Beachte: perquè + Indikativ "weil" (kausal), + Konjunktiv "damit" (final) ! Nach encara que, malgrat que und per bé que steht Indikativ oder Konjunktiv. Nach de (tal) manera que steht der Konjunktiv, wenn ein Wunsch oder Zweck ausgedrückt wird, sonst der Indikativ. Nach fins que, tan aviat com und així que steht der Konjunktiv in Bezug auf die Zukunft, bei Bezug auf die Vergangenheit der Indikativ.

Bsp.:

Li preguntaré quan arribarà.	"Ich werde ihn fragen, wenn er ankommt."
No ho fa perquè no té temps.	"Er macht es nicht, weil er keine Zeit hat."
Dóna-li diners perquè t'ajudi.	"Gib ihm Geld, damit er dir hilft."
No sabem si vindran.	"Wir wissen nicht, ob sie kommen."
Escriviu de manera que això es pugui llegir.	"Schreibt so, daß man es lesen kann."

Escrivia de manera que tothom podia llegir-ho.	"Er schrieb so, daß jeder es lesen konnte."
Ment de por que el castiguin.	"Er lügt aus Angst, daß sie ihn bestrafen."
Ja que no vols, hi anem sols.	"Da du nicht willst, gehen wir allein hin."

Nicht selten hat que allein temporale, kausale oder finale Bedeutung.
Bsp.:

No cal que t'amaguis que et veig. (Indikativ, "weil")	"Du brauchst dich nicht zu verstecken, weil ich dich (schon) sehe."
No pugis en aquest arbre que no caiguis ! (Konjunktiv, "damit")	"Klettere nicht auf diesen Baum, damit du nicht herunterfällst !"
Va arribar que jo encara era aquí.	"Er kam an, als ich noch hier war."

7.3.3. Nebensatzkonstruktionen

Nebensätze können wie folgt gebildet und übersetzt werden:

1. durch Konjunktionen eingeleitete Nebensätze; man beachte, daß bei Subjektsgleichheit im Haupt- und Nebensatz der Bestandteil que einiger Konjunktionen durch de oder a ersetzt wird oder ganz entfällt, z.B. abans que, després que, a fi que, per tal que, fins que, sense que —> abans de, després de, a fi de, per tal de, fins a, sense; die letztgenannten Formen sind Präpositionen, die dann "präpositionale" Infinitivkonstruktionen einleiten.
   Bsp.:

La Joana va trucar abans que tu fossis aquí.	"Joana hat angerufen, bevor du hier warst."
Abans d'anar a casa, en Pere va comprar un diari.	"Bevor er nach Hause ging, hat Pere eine Zeitung gekauft."
Va fer-ho sense preguntar-nos.	"Er tat es, ohne uns zu fragen."
Es va quedar a casa fins que el seu germà va tornar.	"Sie blieb zu Hause, bis ihr Bruder zurückgekehrt ist."
Ha jugat fins a perdre tot.	"Er spielte, bis er alles verloren hatte."

2. mit Gerundium (s. S. 66) oder Partizip Perfekt; die Bedeutung ist meist temporal oder kausal. Durch Ergänzung von tot wird die Gleichzeitigkeit einer Handlung noch stärker betont. Partizipialkonstruktionen können auch durch Präpositionen eingeleitet werden.
   Bsp.:

Llegia el diari tot escoltant música.	"Er las Zeitung und hörte gleichzeitig Musik."
Acabat el treball, els pagesos tornen dels camps.	"Da die Arbeit beendet ist, kehren die Bauern von den Feldern zurück."
Després d'arribats els convidats, vam sopar.	"Nachdem die Gäste gekommen waren, aßen wir zu Abend."

3. mit en + Infinitiv (umgangssprachlich auch al (a'l) statt en).
   Bsp.:

En entrar ell, tots s'alçaren.	"Als er eintrat, erhoben sich alle."

In Konditionalsätzen gelten folgende Regeln der Zeitenfolge:

a) si-Satz (Bedingungsatz):	b) Hauptsatz:
Praesens	Praesens (oder Futur)
Konj. Imperfekt ! (manchmal auch Ind. Impf.)	Konditional I
Konj. Plusquamperfekt !	Konditional II

Bsp.:

Si dius això, ments.	"Wenn du das sagst, lügst du."
Si pots venir demà, ho farem junts.	"Wenn du morgen kommen kannst, werden wir es gemeinsam machen."
Si ho sabéssiu, ho diríeu.	"Wenn ihr es wüßtet, würdet ihr es sagen."
Si hagués caigut, s'hauria fet mal.	"Wenn er gefallen wäre, hätte er sich weh getan."

7.3.4. Die Verneinung (Negation) (II) und einige Adverbien der Bejahung und des Zweifels

no...res/gens	"nichts/gar nichts"	sí	"ja, doch"
no...ningú (3)	"niemand"	també	"auch"
no...enlloc	"nirgends"	potser	"vielleicht"
no...mai	"niemals"	de segur	"sicherlich"
no...tampoc	"auch nicht"	certament	"gewiß,sicher"
no...cap	"kein(e)"	del cert	"sicher"
encara no	"noch nicht"	tal vegada	"vielleicht"
ja no, no...més	"nicht mehr"	no...més que	"nur (noch)"
res/mai més	"nichts/nie mehr"	no...sinó	"nur"
no/ni...ni	"weder...noch"	ni	"noch, und nicht"
no solament...sinó	"nicht nur...sondern"		

Bsp.:

Què has menjat ? Res.	"Was hast du gegessen ? Nichts."
No hem vist ningú.	"Wir haben niemanden gesehen."
Encara no hem estat mai a l'India. Nosaltres tampoc.	"Wir sind noch nie in Indien gewesen. Wir auch nicht."
Cap d'ells no vindrà.	"Keiner von ihnen wird kommen."
No ha dit res més.	"Er hat nichts mehr gesagt."
Ja no fumem.	"Wir rauchen nicht mehr."
No teniu gens de paciència.	"Ihr habt überhaupt keine Geduld."
Allí no hi havia sinó ella.	"Nur sie war da."

In Sätzen, die schon verneint sind, in Fragesätzen (gelegentlich auch in Konditionalsätzen) und nach sense (que) erhalten cap, mai, ningú und res (im Dtsch.) positive Bedeutung: "irgendein(e), jemals, jemand, etwas".

Bsp.:

Saps res de nou ?	"Weißt du etwas Neues ?"
Vau estar mai a Madrid ?	"Seid ihr jemals in Madrid gewesen ?"
No ha furtat mai res.	"Er hat nie etwas gestohlen."
Van anar-se'n sense dir res.	"Sie gingen weg, ohne etwas zu sagen."

7.4. Anmerkungen

1) Die äußere Form des Gedichtes Martí i Pols "Ara és demà" entspricht der eines klassischen Sonetts: Es besteht aus 2 Vier- und 2 Dreizeilern; das Reimschema lautet: *abba / abba / ccd / eed.*

2) Daß ein direktes (Akk.) Obj. durch eine Präposition zusätzlich markiert wird, ist in den romanischen Sprachen nicht selten. So findet man die Konstruktion a (< lat. AD "zu, nach, hin, bei") + Akk.Obj. im Spanischen (häufig), im Katalanischen, Portugiesischen, Sardischen, sowie in okzitanischen, rätoromanischen und (süd-)italienischen Dialekten.

3) Kat. res und frz. rien sind aus lat. RES (Akk. REM) "Sache", kat. ningú und span. ninguno aus lat. NEC UNU(M) "(und) nicht einer" entstanden. Ursprünglich waren kat. res oder frz. rien und pas (< lat. PASSU(M) "(Doppel-) Schritt") nur eine Verstärkung der Verneinung, z.B. frz. "Je ne vais pas" "Ich gehe nicht einen Schritt" —> "Ich gehe nicht". Von den Bezeichnungen für "nichts" und "niemand" des klassischen Lateins, NIHIL und NEMO, sind nur noch vereinzelte Spuren erhalten, u.a. im Sardischen und Rumänischen.

7.5. Übungen

1) Übersetzen Sie:
En Joan i en Miquel es troben a Figueres, davant del Museu Dalí, aquest pintor i artista tan conegut. "Bon dia", diu en Joan, "com estàs ?" "Molt bé, mercès" respon en Miquel. Com que no s'havien vist durant molt temps, tenen moltes coses a contar-se l'un a l'altre. Els amics continuen parlant i contant, de tal manera que obliden la seva visita al museu. De sobte el museu es tanca perquè ja són les sis. "No fa res", diu en Joan, "podem visitar-lo junts, un altre dia". "Sí, però, ara he d'anar a casa. Adéu amic!"

2) Ergänzen Sie die entsprechenden Präpositionen:
No es pot seure....aquesta cadira. Volen passar les vacances....Lloret de Mar. Et vaig esperar...les cinc....les vuit. Ja has comprat uns regals....Nadal ? No, perquè no tinc temps....buscar alguna cosa bonica. No volies comprar un vestit....seda ("Seide")....la teva amiga ? Jo ? Mai !

3) Ergänzen Sie die entsprechenden Konjunktionen:
M'alegro...hàgiu vingut. Tornem a dir-t'ho...no ho oblidis. No t'ho creiem ...ens ho provis ("beweisen"). Es van passejar...plovia. Ja no esperem ...vingui; digues-li que ens truqui ("anrufen")...arribi.

4) Übersetzen Sie:
Hast du meine Geldbörse (portamonedes m.) irgendwo gesehen ? Nein, nirgends. Vielleicht hast du sie verloren. Nein, ich habe noch nie etwas verloren. Du wirst sie sicher finden, wenn sie keiner gestohlen hat. Ich hatte nur (noch) 500 Peseten, jetzt habe ich überhaupt kein Geld mehr. Wenn du willst, werde ich dir welches geben.

8. Lektion

8.1. Text: * *Espòs meu, tu qui m'estimes ...*

- Espòs meu, tu qui m'estimes
amb s'ardor que jo t'estim,
per què ets uis te llagrimegen ?,
per què vas tan pensatiu ?

Per ésser tots dos ditxosos
lluny del món tots dos vivim;
si jo som sa teva glòria,
per què et veig tan afligit ?

(...)

- Em dius tu que ets venturosa,
i plores mentres m'ho dius !
- Espòs meu, si tu sabesses
lo que tant me fa patir !

- Si sabesses quina pena
té es meu cor tan oprimit !
- Un any fa que mos casàrem.
- El farà demà matí.

- Quan sortíem de l'iglésia
ple de goig sentia es pit,
i topàrem una veia
asseguda en es camí.

Tothom diu que és una bruixa,
que té pacte amb s'inimic,
i s'acostà, i a s'oreia
això només em va dir:

"Abans de que es sol se ponga
compta ses flors d'es jardí".
- I quantes flors hi trobares ?
- Tres-centes seixanta-cinc.

Cada dia els he comptades
i em tremolaven es dits,
i una flor, sa més hermosa,
em faltava cada pic.

(...)

"Comptaràs bé ses estrelles
en punto de mitja nit".
- I quantes estrelles veres ?
- Tres-centes seixanta-cinc.

Cada vespre els he comptades,
plorant casi com un nin,
i s'estrella més hermosa
en mancava cada pic.

(aus: Tomàs Aguiló: *Antologia poètica*, Palma de Mallorca 1968, S. 77 ff.) (1)

8.2. Vokabeln

espòs m.	Ehemann,Gatte	sabesses	= sabessis
estimar	lieben,schätzen	lo que	= el que
es,ets/s'/sa,ses	= el,els/l'/la,les	patir	(er-)leiden
ardor m./f.	Glut,Hitze	pena f.	Leid,Mühe
uis m.Pl.	= ulls "Augen"	oprimit/-da	bedrückt
llagrimejar	tränen	mos	= nos = ens
pensatiu/-iva	nachdenklich	casar-se	heiraten
ditxós/-a	glücklich	sortir	herauskommen
som	= sóc	iglésia f.	= església "Kirche"
afligit/-da	bekümmert	goig m.	Freude
venturós/-a	glücklich	sentir	empfinden,fühlen

---

* Dieser Text enthält typische Kennzeichen des mallorkinischen Dialektes (unterstrichen); s. nächste Seite !

pit m.	Brust,Busen	jardí m.	Garten
topar	treffen	els	hier: = les (!)
veia	= vella	tremolar	zittern
asseure	hinsetzen	dit m.	Finger
bruixa f.	Hexe	hermós/-a	= formós "schön"
tenir pacte	im Bunde sein	faltar/mancar	fehlen
inimic m.	= enemic "Feind"	pic m.	hier: Mal
acostar-se	sich nähern	estrella f.	Stern
oreia f.	= orella "Ohr"	en punto de	genau um
sol m.	Sonne	mitjanit f.	Mitternacht
pondre's	untergehen	casi	= quasi "fast"
comptar	zählen	nin	= nen "Kind"

8.3. Katalanische Dialekte

Das Katalanische ist zwar eine recht einheitliche Sprache, aber es gibt dennoch gewisse dialektale Unterschiede. Da eine Erläuterung all dieser Unterschiede hier zu weit führen würde, sollen nachfolgend nur die zwei wichtigsten Dialekte vorgestellt werden, das Balearische, genauer gesagt das Mallorkinische, die Mundart Mallorcas, sowie das Valenzianische. Während das Balearische wie das Zentralkatalanische zum Ostkatalanischen (kat. català oriental) gehört, ist das Valenzianische ein westkatalanischer Dialekt (kat. català occidental; s. auch die Karte S. 11). Diese beiden Dialekte wurden ausgewählt, weil sie auch - wie die auf dem Zentralkat. beruhende Schrift- und Hochsprache - über eine literarische und schriftsprachliche Tradition verfügen. So wurden nicht wenige Werke in Mallorkinisch bzw. Valenzianisch veröffentlicht. Vom Valenzianischen wurde gelegentlich behauptet, daß es eine eigene Sprache sei. Die wichtigsten Besonderheiten dieser beiden Dialekte in Kürze.

A) Mallorkinisch (kat. mallorquí)

1) Zur Aussprache:

a) betontes offenes e [ɛ] wird oft [ə] gesprochen.

Bsp.:	parlem :	[pər'ləm]	statt:	[pər'lɛm]
	estret :	[əs'trət]	statt:	[əs'trɛt]

b) unbetontes o bleibt [o].

Bsp:	ferro :	['fɛrro]	statt:	['fɛrru]

c) Unterschied zwischen v als [v] und b als [b].

Bsp.: veure : ['ɣəurə]
beure : ['bəurə]
statt beide: ['beurə]

d) die Aussprache von ll als [j].
Bsp.: orella : [o'rəjə] statt: [u'rɛλə]
vella : ['vejə] statt: ['beλə]

! s. Text Z. 3, 19: Orthographie i für ll;

e) gelegentlicher Ausfall eines intervokalischen s.
Bsp.: rosegar : [rro ə'ɣa] "knabbern, nagen"
camisa : [kə'mi ə] "Hemd"

f) auslautendes t nach l und n wird gesprochen.
Bsp.: molt : ['molt] statt: ['moɫ]

2) Zur Grammatik:

a) die Artikelformen sind:
im Mask.: Sg.: es, s' (vor Vokal); Pl.: es, ets (vor Vokal).
im Fem.: Sg.: sa, s' (vor Vokal); Pl.: ses (2).

! s. Text Z. 2, 3, 5, 6, 7, 10, 11, 13, 14, 18, 19, 20;

b) die 1.Ps.Sg. Ind.Praes. ist endungslos, z.B.: (jo) cant statt: (jo) canto

! s. Text Z. 2: estim statt estimo

c) die 1. und 2.Ps.Pl. Ind.Praes. enden auf -am bzw. -au.
Bsp.: cantam, cantau statt: cantem, canteu.

d) die Formen des Konj.Impf. der I. Konjg. lauten -às, -assis etc.
Bsp.: cantàs, cantassis etc. statt: cantés, cantessis etc.

e) dem -i des Konj.Praes. entspricht ein -a in der 1. und 3.Ps.Sg., ansonsten ein -e- (3).
Bsp.: crega, cregues etc. statt: cregui, creguis etc.
surta, cresca etc. statt: surti, creixi etc.

! s. Text Z. 5: ponga statt pongui

f) Sonderformen für sóc, tinc, vinc : som, tenc, venc.

! s. Text Z. 7;

g) starke Abweichungen beim Gebrauch der unbetonten Pers.Pron., z.B. von me, te, se, nos/mos (!), vos vor einer Verbform statt em, et, es, ens, us.
Bsp.: es sol se ponga. statt: el sol es pongui.

! s. Text Z. 3, 5, 12, 15;

Oder die Vorstellung der Pron. bei der 3.Ps. des bejahten Imperativs.
Bsp.: M'escolti ! statt: Escolti'm ! "Hören Sie mir zu !"

3) Zum Wortschatz:

Der Unterschied zum Zentralkatalanischen soll anhand einiger häufiger Bezeichnungen aufgezeigt werden.

al·lot, nin m./f.	statt:	nen m.	"Kind, Junge"
arena f.	"	sorra f.	"Sand"
ca m.	"	gos m.	"Hund"
calça f.	"	mitja f.	"Strumpf"
calçons f.Pl.	"	pantalons m.Pl.	"Hose"
doblers m.Pl.	"	diners m.Pl.	"Geld"
moix m.	"	gat m.	"Katze"
padrí m.	"	avi m.	"Großvater"
tassó m.	"	got m.	"Glas, Becher"
xerec	"	dolent	"schlecht, böse"
cercar	"	buscar	"suchen"
col-/qualcar	"	anar en vehicle	"fahren"
davallar	"	baixar	"hinuntergehen"
tèmer-se	"	adonar-se	"bemerken"
noltros	"	nosaltres	"wir"
voltros	"	vosaltres	"ihr"
qualque	"	algun	"irgendein"
qualcú	"	algú	"(irgend-)jemand
idò	"	doncs	"denn, also"
pentura	"	potser	"vielleicht"
manco	"	menys	"weniger"
pus	"	més	"mehr"

B) Valenzianisch (kat. valencià)

1) Zur Aussprache:

a) unbetontes a, e, o werden [a, e, o] gesprochen, statt [ə] und [u].
Bsp.: ara : ['ara] / cossos : ['kosos] statt: ['arə] / ['kosus].

b) v und b werden (meist) unterschieden (s.o. Mallorkinisch 1c).

c) [ʒ] wird oft [dʒ] ausgesprochen.
Bsp.: jove : ['dʒove] statt: ['ʒoβə].

d) auslautendes -r wird (fast) immer gesprochen.
Bsp.: parlar : [par'lar] statt: [pər'la].

e) t nach n oder l wird gesprochen (s.o. Mallorkinisch 1f).

f) intervokalisches -d- ist oft stumm, z.B. in den Endungen -ada und -ador.

Bsp.:	cansada :	[kan'sa]	statt:	[kən'saδə]
	caçador :	[kasa'or]	statt:	[kəsə'δo].

In und um València ist folgende Besonderheit zu beobachten: Die stimmhaften Laute [z, dʒ, dz] werden stimmlos zu [s, tʃ, ts]. Diese Aussprache wird apitxat ("fest gedrängt, gequetscht") genannt.
Bsp.: la casa roja : [la'kasa'rrotʃa] statt: [lə'kazə'rrodʒə].

2) Zur Grammatik:

a) die 1.Ps.Sg. Ind.Praes. endet auf -e.
Bsp.: (jo) trobe statt: (jo) trobo.

b) der Konj.Praes. wird in der I. Konjg. mit -e-, in der II. und III. Konjg. mit -a bzw. -e- gebildet (s.o. Mallorkinisch 2e).
Bsp.: cante, cantes, cante statt: canti etc.
perda, perdes, perda statt: perdi etc.

c) das Infix -eix- der Verben auf -ir (IIIa) lautet -ixc, -ixes etc. im Indikativ und -ixca, -ixques etc. im Konjunktiv.
Bsp.: servixc, servixes etc. statt: serveixo, serveixes etc.
servixca, servixques etc. statt: serveixi, serveixis etc.

d) der Konj.Impf. wird mit -ara, -ares, -ara, -àrem, -àreu, -aren (I. Konjg.), mit -era, -eres, -era etc. (II. Konjg.) und -ira,-ires, -ira etc. (III. Konjg.) gebildet (4).
Bsp.: entrara, tinguera, sentira etc. statt: cantés, tingués, sentís.

e) neben den Dem.Pron. aquest und aquell sind noch die Formen aqueix etc. und açò (s.o. S. 42) sowie est / estos, esta / estes (= aquest) und eix / eixos, eixa / eixes in Gebrauch.

f) das Dat.Pron. li bleibt unverändert (!) (s.o. S. 62).
Bsp.: Li les done. statt: Les hi dono.

3) Zum Wortschatz:

Einige Beispiele für wichtige unterschiedliche Bezeichnungen:

espill m.	statt:	mirall m.	"Spiegel"
follí m.	"	sutge m./-ja f.	"Ruß"
vesprada f.	"	tarda f.	"Nachmittag, Abend"
xic m.	"	noi m.	"Junge"
aplegar	"	arribar	"ankommen"
eixir	"	sortir	"herausgehen"
llavar	"	rentar	"waschen"
entonces	"	aleshores	"dann, damals"
prompte	"	aviat	"bald"

8.4. Wortbildung im Katalanischen

1) Bildung fem. Substantive
Für die Bildung fem. Substantive gilt auch, was schon zur Bildung fem. Adj. gesagt worden ist (s. S. 39 ff.); so z.B. das Anfügen von -a bzw. -na (an betonten Endvokal) oder der (nicht seltene) Wechsel von auslautendem -c —> -ga, -s —> -ssa, -t —> -da und -p —> -ba; auslautendes -e bei mask. Subst. wird zu -a; -f und -u (nach Vokal) werden zu -va.
Bsp.:

	el forner	—>	la fornera	"die Bäckersfrau"
	el fill	—>	la filla	"die Tochter"
	el germà	—>	la germana	"die Schwester"
	l'amic	—>	l'amiga	"die Freundin"
	el nebot	—>	la neboda	"die Nichte"
aber:	el nét	—>	la néta	"die Enkelin"
	el gos	—>	la gossa	"die Hündin"
aber:	l'espòs	—>	l'esposa	"die Ehefrau"
	el llop	—>	la lloba	"die Wölfin"
	el sogre	—>	la sogra	"die Schwiegermutter"
	l'hereu	—>	l'hereva	"die Erbin"

In einigen Fällen wird die fem. Form gebildet, indem an die mask. Form die Endung -essa angefügt wird; die mask. Endung -tor (manchmal auch -dor) wird durch -triu (bzw. -driu) ersetzt (vgl. frz. -teur —> -trice), z.B.:

	l'actor	—>	l'actriu	"die Schauspielerin"
	l'emperador	—>	l'emperadriu	"die Kaiserin"
aber:	el pescador	—>	la pescadora	"die Fischersfrau"
	el comte	—>	la comtessa	"die Gräfin"
	el poeta	—>	la poetessa	"die Dichterin"
	el sastre	—>	la sastressa	"die Schneiderin"

2) Augmentativ-, Diminutiv- und Pejorativsuffixe
Diese können an Substantive oder Adjektive angefügt werden; dabei fallen auslautendes -a, -e und -o weg; auf betonten Vokal auslautende Wörter fügen -n- ein (s. Pluralbildung S. 29).
Augmentativ (vergrößernd) sind -às (Pl. -assos)/-assa und -arro/-a. Das Letztgenannte hat oft auch eine pejorative Nebenbedeutung.
Diminutiv (verkleinernd, verniedlichend) sind -et/-a und -ó/-ona.
Pejorativ (verschlechternd, negativ) ist -ot/-a (auch augmentativ).
Bsp.:

gran	—>	grandàs	"sehr groß, zu groß"
noi	—>	noiàs	"großer, kräftiger Junge"
panxa	—>	panxarra	"dicker Bauch, Bierbauch"
mà	—>	maneta	"Händchen"
bonic	—>	boniquet	"hübsch, niedlich"
carrer	—>	carreró	"Gäßchen"
casa	—>	casota	"(großes) ungemütliches Haus"

8.5. Die Angleichung des Partizip Perfekt

Im Passiv richtet sich das Part.Perf. in Genus und Numerus nach dem Subjekt (s. S. 68). Ansonsten wird das Part.Perf. nur dann verändert, wenn eins der Pron. la, els, les oder en dem Part. bzw. der Form von haver vorausgeht. Auch die Partizipien der Hilfsverben wie voler, poder etc. werden verändert, falls erforderlich. Folgt dem Part.Perf. noch ein Infinitiv, so ist zu unterscheiden, ob das Pron. Subjekt des Infinitives ist oder nicht. Wenn ja, wird das Part. angeglichen.

Bsp.:

(les cartes)Les ha obertes.(f.Pl.)	"Er hat sie (die Briefe) geöffnet."
(els lladres)Els he vists.(m.Pl.)	"Ich habe sie (die Diebe) gesehen."
(de les claus)N'heu perduda una ?	"Habt ihr einen (der Schlüssel) verloren ?"
(la casa)L'han volguda vendre.(f.Sg.)	"Sie wollten es (das Haus) verkaufen."
(l'actriu)L'hem vista actuar.(f.Sg.) (l'actriu actua = Subjekt —> + -a)	"Wir haben sie (die Schauspielerin) spielen sehen."
(la cançó)L'he sentit (!) cantar.	"Ich habe es (das Lied) singen hören."

(la cançó ist Objekt, nicht Subjekt von cantar ! Das Lied wird gesungen !)

8.6. Anmerkungen

1) Tomàs Aguiló i Forteza (1812 - 1884) war einer der wichtigsten Vertreter der Renaixença auf Mallorca. Der hier abgedruckte Text entstammt der 1852 veröffentlichten Gedichtsammlung "*Poesies fantàstiques en mallorquí*".

2) Während die Artikelformen el, els, la und les aus Formen des lat. Dem.Pron. ILLE "jener" (Akk. ILLU(M)/-A(M)) entstanden sind, z.B. la < ILLA(M), les < ILLAS, haben sich die Formen es, sa und ses aus lat. IPSE "selbst" (Akk. IPSU(M)/-A(M)) entwickelt, z.B. sa < *issa < IPSA(M), ses < *isses < IPSAS. Diese Artikelformen finden auch auf dem Festland in der Gegend von Cadaqués, Begur, Sant Feliu de Guíxols und Blanes Verwendung.

3) Diese Konjunktivformen mit -a bzw. -e- sind, unter Berücksichtigung der lat. Etyma, als die älteren, ursprünglicheren Formen anzusehen, z.B. cresca < lat. CRESCA(M)/CRESCA(T), cresques < CRESCAS.

4) Die für das Valenzianische typischen Formen des Konj.Impf. sind nicht aus dem Konjunktiv Plusquamperfekt des Lateins entstanden (s. S. 45 Anmerkung 5), sondern aus dem Indikativ Plusquamperfekt: cantara < CANTARA(M), die kontrahierte Form von CANTAVERAM "Ich hatte gesungen"; cantares < CANTARAS (= CANTAVERAS).

8.7. Übungen

1) Übersetzen Sie die ersten 3 Strophen des Textes auf S. 89.

2) Bilden Sie von den folgenden Substantiven die fem. Form:
gat, cosí, avi, alumne, institutor, lleó ("Löwe"), senyor, veí.

3) Versehen Sie die folgenden Subst. und Adj., soweit sinngemäß möglich, mit einem Augmentativ-, Diminutiv- und/oder Pejorativsuffix:
gros, llop, peu, petit, llibre, sabata, dolent, metge, cotxe, dona, lletja, cavall, Joan, nen, ocell (m. "Vogel"), dent (f. "Zahn").

4) Ergänzen Sie die korrekten Formen des Part.Perf.:
(Les teves cartes) Les he....(llegir) totes. (El cotxe) L'heu....(rentar) ? No, no l'hem....(poder) rentar, perquè no teníem temps. On és la mare ? No ho sé, però l'he....(veure) sortir. Volia comprar dues lliures de pomes, però n'ha ....(comprar) només una, perquè no tenia bastants diners. (Les pomes) Ja les ha....(menjar). Coneixeu el nostre amic ? Sí, suara l'hem....(conèixer). I vostès, han fet tots els exercicis ? Sí, els hem....(fer) tots.

Bibliographie weiterführender Literatur

Alcover, Antoni M. / Moll, Francesc de B.: *Diccionari català - valencià - balear*, 10 Bde., Palma de Mallorca 1930 - 1962, I² 1980, II² 1983.

Allemann, Fritz R. / Bahder, Xenia von: *Katalonien und Andorra*, Köln, ⁶1990.

Allières, Jacques: *Parlons catalan, langue et culture*, Paris 2000.

Argenter, Joan A. / Lüdtke, Jens (eds.): *Manual of Catalan Linguistics*, Berlin/Boston 2020.

Badia i Margarit, Antoni M.: *Gramática catalana*, 2 Bde., Madrid, ²1975.
ders.: *Llengua i cultura als Països Catalans*, Barcelona, ¹¹1993.
ders.: *Gramàtica històrica catalana*, València, ³1994.
ders.: *Gramàtica de la llengua catalana. Descriptiva, normativa, diatòpica, diastràtica*, Barcelona 1994.

Batlle, Lluís C. et al.: *Diccionari alemany - català*, Barcelona, ³2006.
ders. / Wiedemann, Herbert: *Diccionari català - alemany,* Barcelona, ²2005.

Blasco Ferrer, Eduardo: *Gramatica storica del catalano e dei suoi dialetti con speciale riguardo all'Algherese*, Tübingen 1984.

Brumme, Jenny: *Praktische Grammatik der katalanischen Sprache*, Wilhelmsfeld, ²2007.

Brummer, Rudolf: *Katalanische Sprache und Literatur*, München 1975.

Colón, Germà: *El lèxic català en la Romània*, València 1993.

Coromines, Joan: *Diccionari etimològic i complementari de la llengua catalana*, 9 Bde., Barcelona 1980-1991.

Dols, Nicolau / Mansell, Richard: *Catalan. An Essential Grammar*, London/New York 2017.

Fabra, Pompeu: *Gramàtica catalana*, (Neuausgabe 1956), Barcelona, ¹⁹2007.

Fuster, Joan: *Literatura catalana contemporània*, Barcelona, ⁸1988.

Gili, Joan: *Introductory Catalan Grammar*, Oxford, ⁵1993.

Giralt i Radigales, Jesús (ed.): *Gran diccionari de la llengua catalana* (GDLC), Barcelona 1998 (4. Ndr. 2004).

Gran Enciclopèdia Catalana, 15 Bde., Barcelona 1969 - 1980; Suppl. 1983 - 1989.

Guàrdia, Roser / Ritter i Obradors, Maria: *Diccionari alemany - català / català - alemany*, Barcelona, ³1990.

Hirschmann, Frank G. / Soler i Marcet, Maria-Lourdes (Hrsg.): *Contes Catalans Moderns / Moderne katalanische Erzählungen. Eine originalsprachige Textauswahl*, Bonn, ²1992.

Hösle, Johannes / Pous, Antoni (Hrsg.): *Katalanische Lyrik im zwanzigsten Jahrhundert*, (zweisprachig), Mainz 1970.

Hösle, Johannes: *Die katalanische Literatur von der Renaixença bis zur Gegenwart*, Tübingen 1982.

Hualde, José Ignacio: *Catalan*, London/New York 1992 (Ndr. 2011).

Institut d'Estudis Catalans: *Diccionari de la llengua catalana*, Barcelona, [2]2007.
dass.: *Gramàtica de la llengua catalana*, Barcelona 2016.

Kremnitz, Georg (Hrsg.): *Sprachen im Konflikt. Theorie und Praxis der katalanischen Soziolinguisten*, Tübingen 1979.
ders.: *Katalanische und okzitanische Renaissance: ein Vergleich von 1800 bis heute*, Boston 2018.

Lüdtke, Jens: *Katalanisch. Eine einführende Sprachbeschreibung*, München 1984.

Marcet i Salom, Pere: *Història de la llengua catalana*, 2 Bde., Barcelona, [2]1991.

Meyer-Lübke, Wilhelm: *Das Katalanische. Seine Stellung zum Spanischen und Provenzalischen sprachwissenschaftlich und historisch dargestellt*, Heidelberg 1925.

Moll, Francesc de B.: *Gramàtica històrica catalana*, València, [2]2006.
ders.: *Gramàtica catalana referida especialment a les Illes Balears*, Palma de Mallorca, [12]1993.
ders.: *El parlar de Mallorca*, Palma de Mallorca, [2]1999.

Quintana, Artur: *Handbuch des Katalanischen*, Barcelona, [4]1997.

Radatz, Hans-Ingo: *Das Mallorquinische: gesprochenes Katalanisch auf Mallorca: deskriptive, typologische und soziolinguistische Aspekte*, Aachen 2010.

Riquer, Martí de / Comas, Antoni / Molas, Joaquim: *Història de la literatura catalana*, 11 Bde., Barcelona 1964-1988, I-VI[5] 1993.

Sanchis Guarner, Manuel: *Gramàtica valenciana,* Barcelona 1993.
ders.: *Aproximació a la història de la llengua catalana*, Barcelona, [2]1992.

Solà, Joan (dir.) et al.: *Gramàtica del català contemporani*, 3 Bde., Barcelona, [4]2008.

Vallverdú, Francesc: *El conflicto lingüístico en Cataluña: história y presente*, Barcelona 1981.

Veny, Joan: *Els parlars catalans (Síntesi de dialectologia)*, Palma de Mallorca, [13]2002.

Verdaguer, Pere: *Histoire de la littérature catalane*, Barcelona 1981.

Wheeler, Max W. / Yates, Alan / Dols, Nicolau: *Catalan. A Comprehensive Grammar*, London/New York 1999 (Ndr. 2009).

Wörterverzeichnis

a	in,zu,nach,bei
abans de/que	vor,früher,bevor
abans d'ahir	vorgestern
abraçar	umarmen
abric m.	Mantel
abril m.	April
acabar	beenden
acabar de + Inf.	gerade etwas getan haben
acceptar	annehmen
accés m.	Zugang,Zutritt
accident m.	Unfall
accidentat/-ada	hügelig,uneben
ací (Adv.)	hier(-her)
aclucar (ulls)	schließen
açò	dies,das
acollir	aufnehmen,empfangen
acomiadar(se)	(sich) verabschieden
acompanyar	begleiten
acord m.	Vereinbarung
acostar-se	sich nähern
acte m.	(Fest-)Akt,Tat
actor m./-triu f.	Schauspieler/-in
actuar	handeln,spielen
acudir	sich einfinden
adés	soeben,gleich
adéu	Auf Wiedersehen !
admetre	zulassen,zugeben
adonar-se	bemerken
adreça f.	Adresse
adreçar-se (a)	sich wenden (an)
afaitar-se	sich rasieren
afligit/-ida	bekümmert
agafar	anfassen,nehmen, halten
agost m.	August
agradar	gefallen
agraïment m.	Dank(-barkeit)
agrair	danken
aguantar	ertragen,aushalten, stützen
agulla f.	Nadel,Zeiger
ahir	gestern
aigua f.	Wasser
aire m.	Luft
airós/-osa	luftig,windig
aixafar	zerdrücken,-treten
estar aixafat	erledigt,erschlagen, k.o. sein
aixecar	aufheben,errichten
aixecar-se	aufstehen

així	so
així que	sobald
això	das,dies
per això	deshalb,daher
ajuda f.	Hilfe
ajudar	helfen
ajuntament m.	Rathaus
ala f.	Flügel
alcalde m.	Bürgermeister
alçar(-se)	(sich) erheben
alegrar-se (de)	sich freuen (über)
alegria f.	Freude
alemany/-a	deutsch,m./f. Deutsche(r)
aleshores	damals,dann
algú (unv.)	(irgend-)jemand
algun/-a	irgendein(e), Pl. einige
alhora	zugleich
allà	dort
allí	dort
allisat/-ada	glatt,eben
allò	dies,das dort
allotjar	beherbergen
almenys	wenigstens
alt/-a	hoch,groß,laut
altrament	sonst
altre/-a	andere(r)
altri (unv.)	ein anderer
alumne m./-na f.	Schüler/-in
amable	liebenswürdig
amagar	verstecken
amarar	durchnässen
amarg/-a	bitter
amb	mit
ambdós/-dues	beide
ambigüitat f.	Zweideutigkeit
àmfora f.	Amphore
amic m./-ga f.	Freund/-in
amo m.	Besitzer,Chef
amoïnar(-se per)	beunruhigen,belästigen,sich sorgen um
amor m./f.	Liebe
ample/-a	breit
ampli/-a	weiträumig,groß
ampolla f.	Flasche
amunt	hinauf,aufwärts
anar(-se'n)	(weg-)gehen,fahren
ànec m.	Ente
anècdota f.	Anekdote
anell m.	(Finger-)Ring
angle m.	Ecke,Winkel

anglès/-esa	englisch,m./f.Engländer/-in
ànima f.	Seele
animal m.	Tier
anit	heute/gestern Nacht
aniversari m.	Jahres-/Geburtstag
antic/-ga	ehemalig,alt
any m.	Jahr
apagar	ausschalten,löschen
aparèixer	erscheinen
apercebre	wahrnehmen
aprendre	(er-)lernen
aprenent m.	Lehrling
aprimar-se	dünner werden,abnehmen
apte/-a	fähig,geeignet
aqueix/-a	diese(r)
aquell/-a	jene(r)
aquest/-a	diese(r)
aquí	hier(-her)
d'aquí a	in (zeitl.)
ara	jetzt,gleich
ara...ara	bald...bald
ara mateix	soeben,sofort,vor/in kurzer Zeit
arbre m.	Baum
ardor m./f.	Glut,Hitze
argot m.	Sonder-,Geheimsprache,Jargon
àrid/-a	trocken
armari m.	Schrank
arqueològic/-a	archäologisch
arrasar	dem Erdboden gleichmachen
arreglar	ordnen,aufräumen
arreu (Adv.)	überall,hintereinander
arribar	ankommen,(er-)reichen
arribar a + Inf.	schließlich etwas tun
arròs m.	Reis
art m.	Kunst
article m.	Artikel
artista m./f.	Künstler/-in
artístic/-a	künstlerisch
asfalt m.	Asphalt
assaig m.	Versuch,Essay
assajar	üben,proben,versuchen
assegurar-se	sich vergewissern
assemblar-se (a)	ähneln
asseure('s)	(sich) hinsetzen
assolir	erreichen
atenció f.	Aufmerksamkeit, Vorsicht
atent/-a	höflich,aufmerksam
atleta m./f.	Sportler/-in
atorgar	verleihen
atreure	anziehen,anlocken
autoritat f.	Autorität,Ansehen,Behörde
avall	hinunter
avanç/avenç m.	Fortschritt
avenir m.	Zukunft
avi m.	Großvater, Pl. Großeltern
àvia f.	Großmutter
aviació f.	Luftfahrt,-waffe
aviat	bald,früh
avió m.	Flugzeug
avís m.	Bekanntmachung, Meldung,Warnung
avisar	benachrichtigen,warnen
avorrir-se	sich langweilen
avui	heute
baix/-a	niedrig,klein
(a) baix	unten,leise
baixar	heruntergehen, -kommen,-bringen
balear	balearisch
ballar	tanzen
d'una banda...	einerseits...
d'altra banda	andererseits
bàndol m.	Partei,Gruppierung
bany m.	Bad
banyar	baden
barallar-se	sich streiten,prügeln
barat/-a	billig,preiswert
barba f.	Bart
barca f.	Boot,Kahn
barceloní/-ina	barcelonesisch
barreja f.	(Ver-)Mischung
barrera f.	Schranke
barret m.	Hut
barri m.	Stadtviertel
bastant	genug,ziemlich
bastó m.	Stock,Stab
bateig m.	Taufe
batejar	taufen
batre	schlagen
be m.	Lamm,Schaf
bé (ben) (Adv.)	gut,sehr
(per) bé que	obwohl
bellesa f.	Schönheit
beneit/-a	dumm,verrückt
beneït/-ïda	gesegnet

besar	küssen	cada (unv.)	jede(r),jedes
beure	trinken	cadascú/-una	jede(r)
bíblia f.	Bibel	cadena f.	Kette
biblioteca f.	Bibliothek	cadira f.	Stuhl
bibliotecari m./	Bibliothekar/	cafè m.	Kaffee,Café
-ària f.	-in	caixa f.	Kiste,Kasse
bicicleta f.	Fahrrad	cala f.	kleine Bucht
bilingüe	zweisprachig	caldre	nötig sein,müssen,
bilingüisme m.	Zweisprachigkeit		brauchen
bisbe m.	Bischof	calefacció f.	Heizung
bitllet m.	(Fahr-)Karte	callar	(ver-)schweigen
blanc/-a	weiß	calor f.	Wärme,Hitze
blau/blava	blau	fa calor	es ist warm
bo (bon) /-na	gut	cama f.	Bein
boca f.	Mund	cambra f.	Zimmer
boig/boja	verrückt	cambrer m.	Ober,Kellner
boira f.	Nebel	camí m.	Weg
boirina f.	Dunst	caminar	gehen,laufen
bola f.	Kugel,Ball	camió m.	Lastwagen
bolet m.	Pilz	camisa f.	Hemd
bolígraf m.	Kugelschreiber	camp m.	Feld
bonic/-a	schön,hübsch	campana f.	Glocke
bosc m.	Wald	cançó f.	Lied
bossa f.	(Geld-)Beutel,Tasche	candidat m./-a f.	Kandidat/-in
botiga f.	Geschäft,Laden	candidatura f.	Kandidatur
botó m.	Knopf	cansar-se	müde werden
bou m.	Rind,Ochse	cansat/-ada	müde
braç m.	Arm	cantar	singen
branca f.	Zweig,Ast	càntic m.	Lobgesang
brau m.	Stier	canvi m.	Wechsel,Tausch
breu	kurz	canviar	wechseln,ändern,
brigada f.	Brigade		(um-)tauschen
brigadista m.	Brigadist	cap m.	Kopf,Ende
brillar	strahlen,schimmern	cap a	nach,in Richtung
bruixa f.	Hexe	al cap de	nach Ablauf von
brunzir	summen,brummen	cap (unv.)	kein,keine(r)
brusa f.	Bluse	capaç	fähig
brut/-a	schmutzig,unfair	capítol m.	Kapitel
brutal	brutal	capsa f.	Karton,Schachtel
bufanda f.	Schal	car	denn,da
bufar	blasen,wehen	car/-a	teuer
buit/-da	leer	cara f.	Gesicht
bullir	kochen	carn f.	Fleisch
burgesia f.	Bürgertum	carnet m.	Ausweis
burro m.	Esel	carnisser m.	Metzger
buscar	suchen	càrrec m.	Ladung,Auftrag,Amt
bústia f.	Briefkasten	carregar	auf-,beladen
butxaca f.	Tasche	carrer m.	Straße
		carretera f.	Landstraße
ca (cal, can)	bei	carta f.	Brief
cabell m.	Haar	carter m.	Briefträger
cabre (-er)	hineinpassen,-gehen	cas m.	Fall
caça f.	Jagd	casa f.	Haus
caçador m.	Jäger	casar-se	heiraten

casta f.	Kaste
castell m.	Schloß,Burg
castellà/-ana	kastilisch,m./f. Kastilier/-in
càstig m.	Strafe
castigar	bestrafen
català/-ana	katalanisch,m./f. Katalane/-lanin
catalogar	einordnen
catòlic/-a	katholisch
catorze	vierzehn
caure	fallen
causa f.	Ursache
a causa de	aufgrund,wegen
cavall m.	Pferd
cec/-ga	blind
cel m.	Himmel
celebració f.	Feier
celebrar	feiern
cementiri m.	Friedhof
cent	hundert
centena f.	das Hundert
centenar m.	etwa hundert
centèsim m.	Hundertstel
cercar	suchen
cert/-a	gewisse(r),sicher
del cert	gewiß,sicher
cervesa f.	Bier
chor/cor(al) m.	Chor
cigarret m.	Zigarette
cinc	fünf
cinema m.	Kino
cinquanta	fünfzig
cinta f.	Streifen,Band
cinturó m.	Gürtel
c. de seguretat	Sicherheitsgurt
cistell m./-a f.	Korb
ciutat f.	Stadt
civil	Bürger-,zivil
clar/-a	hell,klar
classe f.	(Schul-)Klasse,Fach, Unterricht
classicitzant	klassizistisch
clau f.	Schlüssel
clima m.	Klima
cloure	schließen
cobrir	(be-)decken
coincidir	zusammenfallen
coixí m.	Kissen
coll m.	Hals,Kragen,Bergpaß
colla f.	Gruppe,Clique,Schar, Menge
collir	pflücken,ernten
colom m.	Taube

color m.	Farbe
colze m.	Ellbogen
com/com a	wie/als
com (que)	da,weil
com si	als ob
comarca f.	Gegend,Bezirk
combatent m.	Kämpfer
començament m.	Anfang,Beginn
començar	beginnen
comerç m.	Geschäft,Handel
comercial	geschäftlich
comerciant m.	Kauf-,Geschäftsmann
comitè m.	Komitee
commemoratiu/-va	Gedenk-
commoure	erschüttern,bewegen
companyia f.	Begleitung,Gesellschaft
complir	erfüllen
comprador m.	Käufer
comprar	kaufen
comprendre	verstehen,begreifen, umfassen
comptar	zählen,rechnen
compte m.	Sorge,Rechnung
en comptes de	anstelle von
comte m./-ssa f.	Graf/Gräfin
comú/-una	gemeinsam
concebre	begreifen
concórrer	zusammenkommen
conduir	führen,fahren
conegut/-uda	bekannt
conèixer	(er-)kennen,kennenlernen
confiança f.	Vertrauen,Zuversicht
confondre	verwechseln,verwirren
congrés m.	Kongreß
conill m.	Kaninchen
conjunt/-a	gemeinsam
consell m.	Rat
conseqüència f.	Konsequenz,Folge
constant	(be-)ständig
constipar-se	sich erkälten
construir	(auf-)bauen
consumir	konsumieren
contar	erzählen
content/-a	zufrieden
contesta(-ció) f.	Antwort,Erwiderung
contestar	antworten
continuar	fortsetzen
continuar + Gerund.	fortfahren, etwas zu tun
contra	gegen
per contra	dagegen,aber

contrari/-ària	entgegengesetzt
convenir	übereinkommen, -stimmen;erforderlich, zweckmäßig sein
conversar	sich unterhalten
convidar	einladen
convidat m.	Gast
coordinar	koordinieren
cop m.	Schlag,Stoß
cop d'Estat m.	Staatsstreich
cor m.	Herz
corb m.	Rabe
corbata f.	Krawatte
cordill m.	Faden,Schnur
corrent	fließend,m. Strom
córrer	laufen,rennen
correu m.	Kurier;Tagespost, Pl. Postamt
cos m.	Körper
cosa f.	Sache,Ding
cosa que	etwas,das
cosí m./-ina f.	Vetter/Cousine
cosir	nähen
costa f.	Küste
costar	kosten
costat m.	Seite,Rand
al costat de	neben
costum m.	Gewohnheit,Brauch, Sitte
cotna f.	Rinde,Schwarte
cotxe m.	Auto,Wagen
coure	kochen
crear	(er-)schaffen
créixer	wachsen
cremar	(ab-,ver-)brennen
creu f.	Kreuz
creure (en)	glauben (an)
crida f.	Aufruf
crit m.	Schrei,Ruf
cru/-a	roh
cua f.	Schwanz
cuina f.	Küche
cullera f./-reta f.	Eß-/Teelöffel
cullereta f.	Teelöffel
culpa f.	Schuld
cultura f.	Kultur
cultural	kulturell,Kultur-
cunyat m./-ada f.	Schwager/Schwägerin
curs m.	(Ver-)Lauf,Kurs
cursa f.	Wettlauf
curt/-a	kurz

(a) dalt	oben,darauf
(al) damunt (de)	darauf,auf
darrer/-a	letzte(r)
darrera (de)	(da-)hinten,hinter
data f.	Datum
(al) davall (de)	darunter,unter
(al) davant (de)	davor,vor,vorn
de	von,aus
debades	umsonst
decebre	enttäuschen
decidir(-se)	(sich) entscheiden
dècim m.	Zehntel
decisió f.	Entscheidung
de debò	wirklich
dedicar(-se)	(sich) widmen
defensa f.	Verteidigung
defensar	verteidigen
deixar	(weg-,zurück-)lassen, leihen,geben
delícia f.	Genuß,Wonne
demà	morgen
demà passat	übermorgen
demanar	bitten,verlangen
democràcia f.	Demokratie
demostrar	beweisen
dens/-a	dicht
dent f.	Zahn
dependre (de)	abhängen (von)
descans m.	Pause,Erholung
descansar	sich ausruhen
descarat/-ada	unverschämt
descendir	hinuntersteigen, gehen,-bringen
desconegut/-uda	unbekannt
descuidar-se	vergessen,auslassen
des de	seit,von
desembocadura f.	Mündung
desembre m.	Dezember
desena f.	Gruppe von zehn
desficiós/-osa	unruhig,ruhelos
desig m.	Wunsch
desistir (de)	verzichten (auf)
desitjar	wünschen,begehren
despatx m.	Büro
despertar	wecken
despertar-se	aufwachen
després de/que	danach,später,nach, nachdem
destinar (a)	bestimmen (zu)
deu	zehn
deu f.	Quelle,Born
déu m.	Gott
deure	sollen,müssen,schulden

deute m.	(Geld-)Schuld
devers	hin,zu,auf
dia m.	Tag
diari/-ària	täglich,m. Tageszeitung
dibuix m.	Zeichnung
dibuixar	zeichnen
diferent	verschieden
difícil	schwierig
difusió f.	Verbreitung
dijous m.	Donnerstag
dilluns m.	Montag
dimarts m.	Dienstag
dimecres m.	Mittwoch
dimensió f.	Ausmaß
dinar	zu Mittag essen, m. Mittagessen
diners m.Pl.	Geld
dinou	neunzehn
dins (de),dintre	in,hinein,innerhalb, drinnen
dir	sagen,reden
dir-se	heißen
disbarat m.	Unsinn,Dummheit
disc m.	Schallplatte
discutir	diskutieren
dissabte m.	Samstag
disset	siebzehn
dissoldre	auflösen
distreure	zerstreuen,ablenken
dit m.	Finger
ditxós/-osa	glücklich
diumenge m.	Sonntag
diürn/-a	Tages-
divendres m.	Freitag
divers/-a	verschieden
diversitat f.	Vielfalt
divertir-se	sich amüsieren
divuit	achtzehn
doble	doppelt
doblegar-se	sich beugen
document m.	Urkunde,Dokument
dolç/-a	süß
dolent/-a	schlecht,böse
dona f.	Frau
donar	geben,schenken
doncs	also,dann,nun
dormir	schlafen
dos/dues f.	zwei
dotze	zwölf
dotzena f.	Dutzend
drap m.	Tuch,Lappen
dret/-a	rechte(r),gerade (-aus),m. Recht

a la dreta (de)	rechts (von)
duana f.	Zoll
dubtar	(be-)zweifeln
dur	tragen,bringen
dur/-a	hart
durant	während
durar	(an-)dauern
econòmic/-a	wirtschaftlich
edat f.	Alter
Edat Mitjana f.	Mittelalter
edició f.	Ausgabe
edifici m.	Gebäude
educar	erziehen
efecte m.	Wirkung
eficaç	wirkungsvoll
egoisme m.	Egoismus
egoista	egoistisch, m./f. Egoist/-in
eina f.	Werkzeug
eixir	herausgehen
eixugar	(ab-)trocknen
eixut/-a	trocken
el/els	1. (m. Artikel) 2. Obj.Pron.: ihn/ sie (m.Pl.)/ihnen (m./f.Pl.)
elaborar	ausarbeiten
elegant	elegant
elegir	auswählen
element m.	Element
ell/-a	er/sie
embolic m.	Wirrwarr,Knoten
empenta f.	Stoß,Schwung
empènyer	anschieben,-drücken
emperador m.	Kaiser
empleat m./-ada f.	Angestellte(r)
emportar-se	mitnehmen
en	in,zu/davon,daher
ençà	hierher
d'ençà (que)	seit(-dem)
encara	noch
encara que	auch wenn,obwohl
encàrrec m.	Bestellung,Auftrag
encarregar	bestellen,(be-)auftragen
encendre	(an-)zünden,(Licht) einschalten
enciam m.	Salat
endarrera	nach hinten,rückwärts,zurück
endavant	nach vorn,vorwärts
l'endemà	am nächsten Tag
endins	hinein
enemic m.	Feind

enfadar(-se)	(sich) (ver-)ärgern
enfora	(nach) draußen
enfront (de)	gegenüber (von)
enfrontament m.	Zusammenstoß
enganyar	betrügen,täuschen
enguany	dieses Jahr
enllà	dorthin,hinter,jenseits
enlloc	nirgends
enmig (de)	in der Mitte,inmitten (von)
enrera	zurück,zuvor
ens	uns
ensems	zugleich
ensenyament m.	Ausbildung,Erziehungs-,Unterrichtswesen
ensenyar	unterrichten,zeigen
ensorrar(-se)	einstürzen,-sinken
entendre	verstehen
enter/-a	völlig,ganz
enterrar	beerdigen,vergraben
entrada f.	Eingang
entrar	eintreten
entre	zwischen
enveja f.	Neid
envers	gegenüber,nach
enviar	schicken,senden
esborrar	auswischen
escala f.	Treppe
escalfar	erwärmen,-hitzen
escapar-se	entkommen,-gehen, -fliehen
escaure's (dia)	fallen auf
escola f.	Schule
e. primària f.	Grundschule
escoltar	zuhören
escombra f.	Besen
escombraries f.Pl.	Müll,Abfall
escopir	(aus-)spucken
escriure	schreiben
escull m.	Klippe
esdeveniment m.	Ereignis
esdevenir	werden
esforç m.	Anstrengung
esglai m.	Schreck
esglaó m.	Stufe
església f.	Kirche
esmentar	erwähnen
esmorzar	frühstücken
espai f.	(Zwischen-)Raum, Abstand,Zeitraum
espanyol/-a	spanisch,m./f. Spanier/-in
espatlla f.	Schulter

espectacle m.	Schauspiel
esperar	warten,hoffen
espès/-essa	dick
esport m.	Sport
espòs m./-osa f.	Ehemann/-frau
esquena f.	Rücken
esquerre/-a	linke(r)
a l'esquerra (de)	links (von)
ésser	sein
est m.	Osten
establir	ein-,errichten
estació f.	Bahnhof
estadi m.	Stadion
estalviar	sparen
estar	sein
estat m.	Staat,Zustand
estel m.	Stern
estendre	ausdehnen,-breiten, -strecken
estètica f.	Ästhetik
estimar	lieben,schätzen
estirar	(aus-)ziehen,-strekken,-dehnen
estiu m.	Sommer
estona f.	Weile,kurze Zeit
estranger/-a	ausländisch,m./f. Ausländer/-in, m. Ausland
estrany/-a	seltsam,fremd,ungewohnt
estratègia f.	Strategie
estrella f.	Stern
estret/-a	eng
estudi m.	Studium,Studie, Schule
estudiant m./-a f.	Student/-in
estudiar	studieren
estufa f.	Ofen
etapa f.	Etappe
europeu/-pea	europäisch
evident	offensichtlich
exaltar	erhöhen
examen m.	Prüfung
excloure	ausschließen
executiu/-iva	ausführend
exemple m.	Beispiel
exercici m.	Übung
exhibir	ausstellen,vorzeigen
èxit m.	Erfolg
explicar	erklären
explotar	ausbeuten,-nützen
exposició f.	Ausstellung
expressar	ausdrücken
expressió f.	Ausdruck

extens/-a	ausgedehnt
fàcil	leicht
facilitar	erleichtern
falta f.	Fehler
faltar	fehlen
família f.	Familie
familiar	vertraut,Familien-, m./f. Familienange-hörige(r)
fang m.	Schlamm
farina f.	Mehl
farmàcia f.	Apotheke
favor m.	Gefallen,Hilfe
feble	schwach
febre f.	Fieber
febrer m.	Februar
federal	Bundes-
feina f.	Arbeit
amb prou feines	kaum,mit Müh und Not
feliç	glücklich
felicitar	beglückwünschen
fer	tun,machen
fer + Inf.	lassen
fa(+Zeitangabe)	vor
ferir	verwunden
ferro m.	Eisen
festa f.	Feier(-tag),Fest
fet m.	Tat(-sache)
feudal	feudal
fi m.	Ziel,Zweck
a fi de/que	um zu,damit
fi f.	Ende
fidel	treu
fila f.	Reihe,Linie
filferro m.	Draht
fill m.	Sohn,Pl. Kinder
filla f.	Tochter
filòsof m.	Philosoph
final	letzte(r),End-
finestra f.	Fenster
fins (a/que)	bis (daß)
fins i tot	sogar
fleca f.	Bäckerei
flonjo/-a	weich
flor f.	Blume
foc m.	Feuer
fomentar	fördern
fondo/-a	tief
fondre	auflösen,schmelzen
fons m.	Boden,(Unter-)Grund
font f.	Brunnen,Quelle
(a) fora	hinaus,draußen
fora de	außer
forat m.	Loch
força f.	Kraft
a força de	durch,mit,wegen
força (unv.)	ziemlich,viel,sehr
forma f.	Form,Gestalt
formar	formen,bilden
formatge m.	Käse
formiga f.	Ameise
formós/-a	schön
forn m.	(Back-)Ofen,Bäckerei
forner m.	Bäcker
forquilla f.	Gabel
fort/-a	stark,kräftig,laut
fortuït/-a	zufällig
fosc/-a	dunkel
foto f.	Foto,Bild
fràgil	zerbrechlich
francès/-esa	französisch,m./f. Franzose/-zösin
frase f.	Satz
fred/-a	kalt
fregar	(ab-)reiben, -waschen,spülen, wischen,streifen
fresc/-a	frisch,kühl
frontera f.	Grenze
fruir	genießen
fruit m.	Frucht
fruita f.	Obst
fugir	fliehen
fulla f.	Blatt
fum m.	Rauch
fumar	rauchen
fundar	gründen
furtar	stehlen
fusell m.	Gewehr
fusta f.	Holz
gàbia f.	Käfig
gaire	viel
gairebé	fast,beinahe
gall m./-ina f.	Hahn/Henne
galleda f.	Eimer
galta f.	Backe,Wange
gamma f.	Skala,Spektrum
gana f.	Hunger,Appetit
de bona gana	gern
tenir ganes de	Lust haben zu
ganivet m.	Messer
ganxo m.	Haken
gasiu/-iva	geizig,kleinlich
gasolina f.	Benzin
gastar	ausgeben,verbrau-

	chen,verschwenden
gat m.	Katze
gel m.	Eis
gelar	frieren
gendre m.	Schwiegersohn
gener m.	Januar
general m.	General
general	allgemein
genoll m.	Knie
gens	nichts
gent f.	Leute
gentil	höflich
germà m./-ana f.	Bruder/Schwester
gerro m.	Blumenvase
girar	drehen,abbiegen
glaç m.	Eis
glòria f.	Ruhm,Ehre
goig m.	Freude,Genuß
goma f.	Gummi
gos m.	Hund
got m.	Glas,Becher
gota f.	Tropfen
govern m.	Regierung
governar	regieren
gra m.	Korn
gràcia f.	Gnade,Pl. Danke !
gràcies a	dank
gran	groß,erwachsen
gras/-ssa	fett,dick
gratar	(ab-)kratzen
grau m.	Grad,Stufe
greix m.	Fett
greu	ernst,schlimm
gris/-a	grau
groc/-ga	gelb
gros/-ssa	dick,groß,stark
gruixut/-uda	dick
grup m.	Gruppe
guant m.	Handschuh
guanyar	gewinnen,verdienen
guardar	aufbewahren,bewachen
guarda-roba m.	Garderobe
guerra f.	Krieg
guia m./f.	(Fremden-)Führer/-in, f. Reiseführer (Buch)
guiar	führen,lenken
gust m.	Geschmack,Gefallen, Vergnügen
amb molt de gust	gern
habitació f.	Zimmer
habitant m.	Einwohner
haver	haben (Hilfsverb)
hi ha	es gibt,da ist
haver de + Inf.	müssen
herba f.	Gras,Kraut
hereu m./-eva f.	Erbe/-in
heura f.	Efeu
hi	dort(-hin)
història f.	Geschichte
històric/-a	historisch
hivern m.	Winter
ho	es
hom	man
home m.	Mensch,Mann
homenatge m.	Ehrung
homenatjar	ehren
honorable	rühmlich,ehrenhaft
honrós/-osa	ehrenvoll
hora f.	Stunde
hortolà m./-ana f.	Gärtner(-in)
hostal m.	Gasthaus
humà/-ana	menschlich
humanitat f.	Menschheit
humit/-ida	feucht
humitat f.	Feuchtigkeit

i	und
idea f.	Idee,Gedanke
ideal	ideal,m. Ideal
idíl·lic/-a	idyllisch
idiota	idiotisch,m./f. Idiot, Dummkopf
igual	gleich
illa f.	Insel
il·lògic/-a	unlogisch
imaginar	sich vorstellen,ausdenken
imatge f.	Bild
imperar	herrschen
impetuós/-osa	ungestüm
important	wichtig
importar	1. importieren 2. wichtig sein
impossible	unmöglich
imprimir	drucken
inaugurar	eröffnen
inclús (Adv.)	sogar
increïble	unglaublich
indígena m./f.	Eingeborene(r)
individu m.	Individuum
indústria f.	Industrie
infant m.	Kind
infermer m./-a f.	Krankenpfleger, -schwester
inflar	aufblasen
iniciar	beginnen

insòlit/-a	ungewöhnlich
inspiració f.	Eingebung
institut m.	Institut
institutor m./-triu f.	Erzieher/-in
insultar	beleidigen,beschimpfen
integrar	bilden,einfügen
intenció f.	Absicht
interès m.	Interesse,Nutzen
interior	innere,Innen-
interpretació f.	Interpretation
intervenció f.	Einmischung
introducció f.	Einführung
inútil	unnötig,unbrauchbar,vergeblich
invasió f.	Einfall
iot m.	Yacht
isolar(-se)	(sich) isolieren
ja	schon
ja no	nicht mehr
ja que	da,weil
jaqueta f.	Jacke
jardí m.	Garten
jeure	liegen
jo	ich
joc m.	Spiel
joguina f.	Spielzeug
jove	jung
judici m.	Urteil(-skraft)
jueu/-eva	jüdisch,m./f. Jude/Jüdin
jugada f.	Zug,Trick
jugar	spielen
juliol m.	Juli
junt/-a	zusammen
juny m.	Juni
jurar	schwören
just/-a	gerecht,richtig
justícia f.	Recht,Gerechtigkeit,Justiz
jutge m.	Richter
jutjar	richten,be-,verurteilen
la/les	1. (f. Artikel) 2. Obj.Pron.: sie (f.Sg./Pl.)
lateral	seitlich
lavabo m.	Waschbecken,Toilette
lent/-a	langsam
li	ihm,ihr
lingüístic/-a	sprachlich

literari/-ària	literarisch
literatura f.	Literatur
litoral m.	Küste(-ngebiet)
línia f.	Linie,Zeile
llac m.	See
lladrar	bellen
lladre m.	Dieb
llagrimejar	tränen
llampec m.	Blitz
llana f.	Wolle
llapis m.	Bleistift
llarg/-a	lang
llàstima f.	Mitleid; wie schade !
llauna f.	Blech,Blechdose
llavi m.	Lippe
llavors (que)	damals (als)
llegir	lesen
llei f.	Gesetz
lleig/lletja	häßlich
llen-/llançar	schleudern,(weg-)werfen
llençol m.	Bettlaken
llengua f.	Sprache,Zunge
llenguatge m.	Sprache,Redeweise
lleó m.	Löwe
llet f.	Milch
lleu	leicht,unwichtig
lleuger/-a	leicht,mühelos
llevar	(weg-,mit-,heraus-)nehmen,entfernen, ab-,wegschaffen, hochheben
llevat de	außer
llibertat f.	Freiheit
llibre m.	Buch
lliçó f.	Lektion
llimona f.	Zitrone
llit m.	Bett
lliura f.	Pfund
lliurar	abliefern,übergeben
lliure	frei
lloc m.	Ort,Stelle
en lloc de	anstelle von
llogar	(ver-)mieten
lloguer m.	Miete
llop m.	Wolf
lluita f.	Kampf
lluitar	kämpfen
llum f./m.	Licht,Lampe
llumí m.	Streichholz
lluna f.	Mond
lluny (Adv.)	weit (entfernt)
llur	ihr(e) (Pl.)
local	örtlich

mà f.	Hand
maduixa f.	Erdbeere
madur/-a	reif
mai	niemals
maig m.	Mai
major	größer
majoria f.	Mehrheit
mal/-a	schlecht,übel, m. Übel,Böse
malalt/-a	krank
malaltia f.	Krankheit
maleta f.	(Reise-)Koffer
malgrat (que)	trotz,obwohl
mallorquí/-ina	mallorkinisch
manar	befehlen
mancar	(ver-)fehlen
mandra f.	Trägheit,m. Faulpelz
mànec m.	Griff,Stiel
mànega f.	Ärmel,Schlauch
manera f.	Art,Weise
de tal manera que	derart/so,daß
maniobra f.	Manöver
manta f.	Decke
a manta	in rauhen Mengen
mantega f.	Butter
maó m.	Ziegelstein
mapa m.	Landkarte
màquina f.	Maschine
mar f./m.	Meer
març m.	März
mare f.	Mutter
marit m.	Ehemann
marró	braun
martell m.	Hammer
mas m./-ia f.	Gehöft,Bauernhaus
massa	zu,zu viel
mastegar	kauen
matalàs m.	Matratze
matar	töten
mateix/-a	derselbe,selbst
matèria f.	Materie,Stoff
matí m.	Morgen
me (em)	mir,mich
mediterrani/-ània	mittelmeerisch,mediterran
meitat f.	Mitte,Hälfte
mel f.	Honig
membre m.	Mitglied
mena f.	Art,Sorte
menjar	essen
menor	kleiner
mentida f.	Lüge
mentir	lügen
mentre (que)	während
menut/-uda	klein,winzig
menys	weniger
a menys que	es sei denn,daß
mercat m.	Markt
mercès (f.Pl.)	Danke !
merèixer	verdienen
mes m.	Monat
més	mehr
a més a més (de)	außer(-dem)
més/menys ...que/de	mehr/weniger ...als
mestre m./-a f.	Lehrer/-in
metge m.	Arzt
meu/meva	mein
una mica	ein wenig
mida f.	Maß,Länge
mig/mitja	halb,m. Mitte
al mig	in der Mitte
migdia m.	Mittag
migració f.	Wanderung
mil	tausend
miler m.	das Tausend
millió m.	Million
millor	besser
minut m.	Minute
miracle m.	Wunder
mirall m.	Spiegel
mirar	(nach-)sehen,anschauen
mitja f.	Strumpf
mitjançant	mittels,durch
mitjanit f.	Mitternacht
mitjó m.	Socke
moblar	möblieren
mocador m.	Kopf-,Taschentuch
molestar	stören,belästigen
molí m.	Mühle
moll/-a	naß,weich
molt/-a	viel,Adv. sehr,viel
moment m.	Augenblick,Moment
mon/ma	= meu/meva
món m.	Welt
moneda f.	Münze,Kleingeld
mongeta f.	Bohne
morir	sterben
mosca f.	Fliege
mossegar	beißen
mostrar	zeigen
motiu m.	Grund,Anlaß,Motiv
moto f.	Motorrad
moure	bewegen
moviment m.	Bewegung
mudar	(aus-)wechseln,umziehen

mullat/-ada	naß
muller f.	Ehefrau
municipi m.	Gemeinde
muntanya f.	Berg,Gebirge
museu m.	Museum
música f.	Musik
mut/-da	stumm
nació f.	Nation,Volk
nacionalista	nationalistisch
nacre m.	Perlmutt
Nadal m.	Weihnachten
nas m.	Nase
natura f.	Natur
natural	natürlich
nau f.	Schiff
nazisme m.	Nationalsozialismus
nebot m./-oda f.	Neffe/Nichte
necessari/-ària	notwendig
necessitar	benötigen,brauchen
nedar	schwimmen
negligència f.	Nachlässigkeit
negre/-a	schwarz
néixer	geboren werden
nen m./-a f.	Kind,Junge/Mädchen,Pl. Kinder
nerviós/-osa	nervös
net/-a	rein,sauber
nét m./-a f.	Enkel/-in
netejar	putzen,reinigen
neu f.	Schnee
neutralització f.	Ausgeglichenheit
nevar	schneien
ni	nicht einmal
ni...ni	weder...noch
ningú	niemand
nit f.	Nacht
nivell m.	Niveau,Ebene
no	nein,nicht
noi m./-a f.	Junge/Mädchen
nom m.	Name
nombre m.	(An-)Zahl
només	nur
nominació f.	Ernennung
nominar	ernennen
noranta	neunzig
nord m.	Norden
nosaltres	wir
nostre/-a	unser
notícia f.	Nachricht
nou	neun
nou/nova	neu
novament	erneut
novembre m.	November
nu/-a	nackt
nul/nul·la	nichtig,ungültig
nuvi m.	Bräutigam,Pl. Brautpaar
núvia f.	Braut
núvol m.	Wolke
o	oder
o...o	entweder...oder
objecció f.	Einwand
oblidar	vergessen
obligar (a)	zwingen (zu)
obra f.	Werk,Arbeit
obrir	öffnen
observador m.	Beobachter
observar	beobachten
obtenir	erhalten
occidental	westlich
ocell m.	Vogel
oci m.	Müßiggang
octubre m.	Oktober
ocultar	verbergen
ocupar-se (de)	sich beschäftigen (mit)
oest m.	Westen
oferir	(an-)bieten
oficina f.	Büro,Amt
oli m.	Öl
Olimpíada f.	Olympiade
olímpic/-a	olympisch
oliva f.	Olive
olla f.	(Koch-)Topf
olor f.	Geruch
ombra f.	Schatten
omplir	füllen
on/a on/d'on	wo/wohin/woher
oncle m.	Onkel
onze	elf
oprimir	(unter-)drücken
or m.	Gold
ordenador m.	Computer
ordre m.	(An-)Ordnung
orella f.	Ohr
organitzador m.	Veranstalter
organitzar	organisieren
oriental	östlich
os m.	Knochen
ou m.	Ei
pa m.	Brot
paciència f.	Geduld
pacte m.	Bündnis,Pakt
pagar	bezahlen
pagès m.	Bauer

pàgina f.	Seite
país m.	Land
paisatge m.	Landschaft
pal m.	Pfahl,Stange,Mast
pala f.	Schaufel,Spaten, Schläger
palau m.	Palast
palla f.	Stroh(-halm)
palmera f.	Palme
pantalons m.Pl.	Hose
panxa f.	Bauch
papallona f.	Schmetterling
paper m.	Papier
fer el seu paper	eine Rolle spielen
paradisíac/-a	paradiesisch
paradoxal	paradox
paraigua m.	Regenschirm
parar	an-,aufhalten,abstellen;einrichten
parar-se	stehenbleiben
paraula f.	Wort
parc m.	Park,Spielplatz
pare m.	Vater,Pl. Eltern
parèixer	scheinen
parell/-a	gleich,m./f. Paar
parent m./-a f.	Verwandte(r)
paret f.	Wand
parlar	sprechen,reden
part f.	Teil
a part	für sich,beiseite
partir	1. teilen 2. abreisen
pas m.	Schritt
(no) pas	keineswegs,nicht aber,vielleicht
passar	vorbeigehen,-fahren, -fließen,verbringen
passejada f.	Spaziergang
passejar(-se)	spazierengehen
pastisseria f.	Konditorei
patata f.	Kartoffel
pati m.	Hof
patir	(er-)leiden
pàtria f.	Vaterland
patró m./-ona f.	Chef(-in)
pau f.	Frieden
peça f.	Teil,Stück
pedra f.	Stein
pegar	schlagen
peix m.	Fisch
pèl m.	Haar
pell f.	Haut,Fell
pel·lícula f.	Film
pena f.	Mühe,Leid,Strafe
a penes	kaum
penetrant	durchdringend
península f.	Halbinsel
penjar	(an-,auf-)hängen
pensament m.	Gedanke,Absicht
pensar (a/en)	denken (an)
pensatiu/-iva	nachdenklich
pentinar(-se)	(sich) kämmen
per (a)	durch,für,zu,um zu
pera f.	Birne
percebre	wahrnehmen
perdó m.	Verzeihung
perdonar	verzeihen,entschuldigen
perdre	verlieren
perill m.	Gefahr
perillós/-osa	gefährlich
permetre	erlauben
permís m.	Erlaubnis,Genehmigung
però	aber
perquè	weil/damit
persona f.	Person
pertot arreu	überall
pescador m.	Fischer
pescar	fischen,angeln
pesseta f.	Pesete
petit/-a	klein
petó m.	Kuß
peu m.	Fuß
a peu	zu Fuß
pic m.	Gipfel/Mal
picar	stechen,picken, hacken,schlagen
picar de mans	(in die Hände) klatschen
pila f.	Stoß,Stapel,Menge, Haufen
pilota f.	(Spiel-,Fuß-)Ball
pineda f.	Pinienwald
pinta f.	Kamm
pintar	an-,bemalen, streichen
pintor m.	Maler
pintura f.	Gemälde,Bild,Malerei
pipa f.	Pfeife
pirinenc/-a	pyrenäisch
pis m.	Wohnung,Stockwerk
pista f.	(Renn-)Bahn,Piste
pit m.	Brust,Busen
pitjor	schlechter
pla/-na	eben,glatt,flach
plaça f.	Platz
planetari/-ària	weltweit

planta f.	Pflanze,Gewächs
planxar	bügeln
plany m.	Klage
plànyer's	sich beklagen
plat m.	Teller,Gericht, Speisegang
plata f.	Platte,Schüssel
platja f.	Strand
plaure	gefallen
si us plau !	Bitte !
ple/-ena	voll
plegar	falten,weglegen,-räumen;aufhören,-geben
plenitud f.	Fülle,Hochgefühl
plorar	weinen
ploure	regnen
pluja f.	Regen
població f.	Bevölkerung
poble m.	Volk,Dorf
pobre/-a	arm
poc/-a	wenig
a poc a poc	langsam
poder	können,dürfen
poesia f.	Dichtung,Gedicht
poeta m.	Dichter
poliglotisme m.	Vielsprachigkeit
polític/-a	politisch,f. Politik,m. Politiker
polonès/-esa	polnisch,m./f. Pole/ Polin
pols f.	Staub
poma f.	Apfel
pondre's (sol)	untergehen
pont m.	Brücke
popular	Volks-,volkstümlich
por f.	Angst
de por que	aus Angst,daß
porc m.	Schwein
port m.	Hafen
porta f.	Tür
portamonedes m.	Portemonnaie
portar	tragen,bringen
portaveu m./f.	Sprecher/-in
posar	setzen,stellen,
posar-se a + Inf.	beginnen,etwas zu tun
positiu/-iva	positiv,gut,gewiß
possibilitat f.	Möglichkeit
possible	möglich
postres f.Pl.	Nachtisch
pot m.	Topf
pota f.	Pfote,Bein
potser	vielleicht
practicar	anwenden,ausüben

prat m.	Weide,Wiese
precoç	frühreif
predominar	vorherrschen
pregar	beten,bitten
pregunta f.	Frage
preguntar	fragen
premsa f.	Presse
prendre	nehmen
preparar	vor-,zubereiten
present	anwesend
presentar	vorstellen,-legen
president m.	Präsident
de pressa	schnell
préssec m.	Pfirsisch
prestigiós/-osa	angesehen
preu m.	Preis
prim/-a	dünn,schlank,schmal
primavera f.	Frühling
primer/-a	erste(r),zuerst
primitiu/-iva	primitiv
principal	hauptsächlich
principi m.	Prinzip,Anfang
privar	verbieten
probable	wahrscheinlich
problema m.	Problem
proclamar	verkünden
produir	erzeugen
professional	beruflich,Berufs-
profund/-a	tief
prohibir	verbieten
projecte m.	Projekt
pròleg m.	Vorwort
prometre	versprechen
promotor m.	Förderer
(a) prop (de)	nahe (bei)
prou (unv.)	genug
prova f.	Beweis,Versuch, Probe
provar (de)	versuchen,beweisen
provocar	provozieren
prudent	vorsichtig,klug
psicològic/-a	psychologisch
públic/-a	öffentlich
publicació f.	Veröffentlichung
publicar	veröffentlichen
pudir (a)	stinken (nach)
puix (que)	da,weil
pujar	hinaufgehen,-steigen, -bringen
punt m.	Punkt
en punt (zeitl.)	genau (um)
estar a punt de + Inf.	im Begriff sein, etwas zu tun
puny m.	Faust

qual	welche(r)
qualsevol	irgendein(e), beliebige(r)
quan	wann,als,wenn
quant/-a	wie viel
uns quants	einige
quantitat f.	Menge,Anzahl
quaranta	vierzig
quart/-a	vierte(r), m. Viertel
quasi	beinahe,fast
quatre	vier
que	der,die,das/daß/ wie/als
què	was/der,die,das
per què	warum
quedar(-se)	bleiben
queixa f.	Beschwerde,Klage
queixar-se	sich beschweren
quelcom	etwas
qüestió f.	Frage
qui	wer,wen/der,die
quilo m.	Kilogramm
quin/-a	welche(r)
quinze	fünfzehn
ràbia f.	Wut
racó m.	Ecke,Winkel
ràdio f.	Radio,Rundfunk
raig m.	Strahl
raïm m.	Weintraube
rajar	fließen,strömen
ramat m.	Herde
raó f.	Vernunft,Grund
tenir raó	recht haben
ràpid/-a	schnell
rar/-a	selten
raspall m.	Bürste
ratlla f.	Linie,Strich
ratolí m.	Maus
reacció f.	Reaktion
reaccionari/-ària	reaktionär
realitat f.	Wirklichkeit
realitzar	verwirklichen
rebaixar	herabsetzen,verbilligen,erniedrigen
rebre	empfangen,bekommen,erhalten
rebutjar	ablehnen
reconèixer	an-,wiedererkennen
recordar(-se)	(sich) erinnern
recórrer	sich wenden an, bereisen
reduir	reduzieren
reforçament m.	(Wieder-)Erstarken

refredar-se	sich erkälten
regal m.	Geschenk
regalar	(be-)schenken
regió f.	Region,Gebiet
regla f.	Regel
rei m./-na f.	König/-in
reïna f.	Harz
reiterar	wiederholen
reixa f.	Gitter
rellotge m.	Uhr
remei m.	Heilmittel
renou m.	Lärm
renou/-nova	ganz neu
rentar(-se)	(sich) waschen
renyar	tadeln,schelten
reparar	reparieren
repartir	aus-,verteilen
repetir	wiederholen
republicà/-ana	republikanisch
res	nichts
resar	beten
resoldre	beschließen,lösen
respondre	antworten
reunió f.	Versammlung
reunir	versammeln
revenir	zurückkommen
revés m.	Rückseite
riba f.	Ufer
ric/-a	reich
riera f.	Bach
ritme m.	Rhythmus
riu m.	Fluß
riure	lachen
roba f.	Wäsche,Stoff
robar	stehlen,rauben
roda f.	Rad
rodó/-ona	rund
roí/-ïna	niederträchtig
roig/roja	rot
romandre	(ver-)bleiben
rompre	ab-,zerbrechen
ronda f.	Rundgang,Runde
ros/-ssa	blond
rosegar	knabbern,nagen
rost/-a	steil,m. (Ab-)Hang
ruïna f.	Ruine
sa/-na	gesund
sabata f.	Schuh
sabater m.	Schumacher
saber	wissen
sabó m.	Seife
saborós/-osa	köstlich
sac m.	Sack

sal f.	Salz
sala f.	Raum,Saal
saltar	springen
saludar	grüßen
salut f.	Gesundheit,Heil; Zum Wohl !;Pl. Grüße
salvar	retten
salvatge	wild
sang m.	Blut
sant/-a	heilig
sardana f.	(kat. Volkstanz)
sastre m.	Schneider
satèl·lit m.	Satellit
se (es)	sich
sec/-a	trocken
secret/-a	geheim,heimlich
secretari m.	Sekretär
seda f.	Seide
segell m.	Briefmarke,Siegel
segle m.	Jahrhundert
segon/-a	zweite(r)
segon m.	Sekunde
segons	nach,gemäß,laut
de seguida	sofort
seguir	(nach-,ver-)folgen, folgen auf
seguir+Gerund	weiterhin etwas tun
segur/-a	sicher,gewiß
de segur	sicher,gewiß
seixanta	sechzig
semàfor m.	Verkehrsampel
semblant	ähnlich
semblar	scheinen,aussehen
semicercle m.	Halbkreis
sempre	immer
sense (que)	ohne (daß)
sentiment m.	Gefühl
sentir	fühlen,empfinden, hören,riechen
sentir-hi	hören können
sentit m.	Sinn
sentor f.	Geruch
seny m.	Vernunft
senyor m./-a f.	Herr/Frau,Dame
senyoreta f.	Fräulein
senzill/-a	schlicht,einfach
separar	trennen
serè/-ena	heiter
serp(-ent) f.	Schlange
serra f.	Säge,Bergkette
servei m.	Dienst(-leistung),Bedienung
servir (a)	dienen (zu)
set f.	Durst

set	sieben
setanta	siebzig
setembre m.	September
setmana f.	Woche
setze	sechzehn
seu f.	Sitz
seu/seva	sein,ihr
seure	sitzen
si	wenn,falls,ob
si m.	Brust,Schoß
si	sich
sí	ja,doch
significar	bedeuten
silenci m.	Stille,Schweigen
simple	einfach
sinó	sondern
síntesi f.	Synthese
sis	sechs
situació f.	Situation
situat/-ada	gelegen
so m.	Ton,Klang,Laut
sobre	auf,über
sobretot	vor allem
de sobte	plötzlich
social	gesellschaftlich
societat f.	Gesellschaft
sofrir	ertragen,erleiden
sogre m./-a f.	Schwiegervater /-mutter
sol/-a	allein
solament	nur
sol m.	Sonne
sòl m.	Boden m.
soler (+ Inf.)	pflegen,etwas zu tun
solitari/-ària	einsam,allein
solter/-a	ledig
som(n)iar	träumen
somriure	lächeln
son m.	Schlaf
son/sa	= seu/seva
sopa f.	Suppe
sopar	zu Abend essen
sord/-a	taub
soroll m.	Lärm
sorra f.	Sand
sortejar	aus-,verlosen
sortida f.	Ab-,Ausfahrt,-gang
sortir	hinausgehen,-kommen,abfahren
sota	unter
sovint	oft
suara	gerade,eben
suau	sanft,milde
sublevar	aufwiegeln

submergir	eintauchen
subvencionar	subventionieren
suc m.	Saft
sucre m.	Zucker
sud m.	Süden
sutge m./-ja f.	Ruß
taca f.	Fleck
tal	solche(r)
per tal de/que	damit,um zu
tallar	(ab-)schneiden
taller m.	Werkstatt
taló m.	Ferse,Absatz
també	auch
tampoc	auch nicht
tancar	schließen
tanmateix	trotzdem,dennoch
tant (tan) /-a	so,so viel
tant aviat com	sobald
tant com	so wie
tant de bo (que)	hoffentlich
tant...que	so...,daß
per tant	daher,deshalb
tapar	verschließen,-stopfen,be-,zudecken
tard (Adv.)	spät
tarda f.	Nachmittag
tardor f.	Herbst
taronja f.	Apfelsine
tassa f.	Tasse
taül m.	Gauner
taula f.	Tisch
taxi m.	Taxi
te (et)	dir,dich
te m.	Tee
teatre m.	Theater
tècnic/-a	technisch
telefonar	telephonieren
temàtica f.	Thematik
témer	(be-)fürchten
temps m.	Zeit,Wetter
tenda f.	Zelt
tendència f.	Tendenz
tendir (a)	tendieren (zu)
tendre/-a	zart,zärtlich
tenir	haben,halten,besitzen
teòric/-a	theoretisch,m./f. Theoretiker/-in
tèrbol/-a	trübe,undurchsichtig
terç m.	Drittel
tercer/-a	dritte(r)
terra f.	Erde,Land,Welt
terreny m.	Gelände,Grundstück, Boden
terrible	schrecklich
territori m.	Gebiet,Territorium
testimoniatge m.	Zeugnis
teu/teva	dein
teulada f.	Dach
text m.	Text
tia f.	Tante
un tip (de)	eine Menge (von)
tirar	ziehen;schießen
tisores f.Pl.	Schere
tocar	berühren,schlagen, betreffen
tofut/-uda	dicht belaubt,dicht bepflanzt
tomàquet m.	Tomate
ton/ta	= teu/teva
topar	stoßen,treffen
tornar	zurückkommen,-bringen,-geben
tornar a + Inf.	etwas wiederholen
torre f.	Turm
tort/-a	krumm
tos f.	Husten
tossir	husten
tot/-a	ganze(r),alle(s), Adv. ganz,völlig
i tot	sogar
total	vollständig,ganz
tothom (unv.)	jeder(-mann)
tou/tova	weich,mollig
tovalló m.	Serviette
tovallola f.	Handtuch
tractar	behandeln
trair	verraten
tràmit m.	Formalität
tranquil/-quil·la	ruhig
travessar	durch-,überqueren
treball m.	Arbeit,Werk,Mühe
treballador/-a	fleißig,m./f. Arbeiter/-in
treballar	arbeiten
tremolar	zittern
tren m.	Eisenbahn,Zug
trencar	zerbrechen
trenta	dreißig
tres	drei
tretze	dreizehn
treure	herausziehen,hervorholen
triple/-a	dreifach
trist/-a	traurig
trobar	finden
tropa f.	Truppe

tros m.	Stück
trucar	anklopfen,läuten,anrufen
tu	du
tub m.	Rohr,Röhre
turista m./f.	Tourist/-in
turístic/-a	touristisch
u,un	eins
ull m.	Auge
ulleres f.Pl.	Brille
últim/-a	letzte(r)
un/-a	ein(e),Pl. einige
unànime	einmütig
ungla f.	(Finger-)Nagel
únic/-a	einzig
universitat f.	Universität
urgent	dringend
us	euch
útil	nützlich
utilitzar	gebrauchen
vaca f.	Kuh
vacances f.Pl.	Urlaub,Ferien
vaixell m.	Schiff
valencià/-ana	valenzianisch
valer	wert sein
vall f.	Tal
vedell m.	Kalb
vegada f.	Mal
a/de vegades	manchmal
tal vegada	vielleicht
vegetació f.	Vegetation
veí/-ïna	benachbart,m./f. Nachbar/-in
vell/-a	alt
velocitat f.	Schnelligkeit,Geschwindigkeit
vendre	verkaufen
venedor m./-a f.	Verkäufer/-in
venir	kommen
vent m.	Wind
venturós/-osa	glücklich
verd/-a	grün
verdura f.	Gemüse,Grün
vergonya f.	Scham,Schande
veritable	wirklich,echt
veritat f.	Wahrheit
vermell/-a	rot
vers	nach,hin,zu
vespre m.	Abend
vestir(-se)	(sich) anziehen
vestit m.	Kleid,Anzug
veu f.	Stimme
veure	sehen
veure-hi	sehen können
vi m.	Wein
viatge m.	Reise
viatger m./-a f.	Reisende(r)
viatjar	reisen
vida f.	Leben
vidre m.	Glas(-scheibe)
vigilar	über-,bewachen
vint	zwanzig
vinya f.	Weinberg,-stock
visita f.	Besuch
visitant m.	Besucher
visitar	besuchen
vista f.	Blick,(An-)Sicht
viu/viva	lebendig
viure	(er-)leben,wohnen
volar	fliegen
voler	wollen
voltants m.Pl.	Umgebung
al voltant	rings herum
voluntat f.	Wille
(a la) vora (de)	nahe (bei)
vorera f.	Gehweg
vós	Sie,Ihr (Anrede)
vosaltres	ihr
vostè Sg./-s Pl.	Sie (Anrede)
vostre/-a	euer
vot m.	(Wahl-)Stimme
votació f.	Abstimmung,Wahl
votar	wählen,stimmen für
vuit	acht
vuitanta	achtzig
vulgar	gewöhnlich,gemein
vulnerar	verletzen
xemeneia f.	Kamin,Schornstein
xerrar	plaudern
xic(ot) m./-a f.	Junge/Mädchen
un xic	ein wenig
ximple	dumm,einfältig
ximpleria f.	Dummheit
xiular	(aus-)pfeifen
xocolata f.	Schokolade
zero m.	Null
zona f.	Zone

Sachregister
(Die Zahlen geben die Seite an.)